企业网络合作行为的形成、演化与治理研究

石文萍◎著

Research on the Formation,
Evolution and Governance of
Cooperation Behavior in Interfirm Network

中国财经出版传媒集团
经济科学出版社
Economic Science Press

图书在版编目（CIP）数据

企业网络合作行为的形成、演化与治理研究/石文萍著． --北京：经济科学出版社，2022.11
ISBN 978 - 7 - 5218 - 4337 - 8

Ⅰ. ①企… Ⅱ. ①石… Ⅲ. ①互联网络 - 应用 - 企业管理 - 经济合作 - 研究 Ⅳ. ①F273.7 - 39

中国版本图书馆 CIP 数据核字（2022）第 219695 号

责任编辑：于 源 姜思伊
责任校对：易 超
责任印制：范 艳

企业网络合作行为的形成、演化与治理研究

Research on the Formation，Evolution and Governance of
Cooperation Behavior in Interfirm Network

石文萍 著

经济科学出版社出版、发行 新华书店经销
社址：北京市海淀区阜成路甲 28 号 邮编：100142
总编部电话：010 - 88191217 发行部电话：010 - 88191522
网址：www. esp. com. cn
电子邮箱：esp@ esp. com. cn
天猫网店：经济科学出版社旗舰店
网址：http：//jjkxcbs. tmall. com
北京密兴印刷有限公司印装
710 × 1000 16 开 9.75 印张 160000 字
2022 年 12 月第 1 版 2022 年 12 月第 1 次印刷
ISBN 978 - 7 - 5218 - 4337 - 8 定价：45.00 元
（图书出现印装问题，本社负责调换。电话：010 - 88191510）
（版权所有 侵权必究 打击盗版 举报热线：010 - 88191661
QQ：2242791300 营销中心电话：010 - 88191537
电子邮箱：dbts@ esp. com. cn）

前　　言

在互联网与数字化经济相融合的时代，企业网络已经成为企业获取资源并保持持续竞争优势的重要组织模式，其合作行为作为影响网络绩效的关键因素引起了社会各界的普遍关注。然而，在具体企业网络形成过程中却出现了一些理论上尚不能很好诠释的行为。例如，企业间由于资源禀赋不同，导致权利配置失调，核心企业盛气凌人，而非核心企业违心屈从，使得合作网络陷入"三个和尚没水吃"的困境。学者们也早已认识到合作行为对组织的成功至关重要，而且围绕企业网络合作行为这一研究主题，做了诸多有益探索。但多数研究都聚焦于从机会主义行为的视角对企业网络合作行为进行研究，从协调视角对其合作行为的具体分析却不多见。所以本书结合网络合作的协调视角，从合作行为的投机性和协调性两个维度对其行为的形成、演化与治理进行系统性研究。

本书基于这一事实，将企业跨边界合作实践置于经济转型大背景下，以"形成—演化—治理"为分析逻辑，综合考察网络合作行为的影响因素，通过对企业网络合作行为的驱动机理、演化机制以及有效治理的研究为合作行为治理对策提供基础，为中国传统产业健康发展与新兴产业快速成长奠定理论基础并提供可行指导。本书从以下3个方面展开研究：（1）探究影响企业合作行为因素的驱动机理；（2）揭示企业网络合作行为的演化机制；（3）探寻企业网络合作行为治理对策。这些研究可为政府的政策制定、企业间合作策略选择提供有针对性的参考，推动企业间合作网络的健康发展与协调效应的充分发挥，以回应一线实践的迫切需求。

基于上述理论分析、实证分析与模拟仿真分析，本书得出如下结论：

（1）针对企业网络合作行为的形成机理，本书将合作行为分为投机性合作行为和协调性合作行为两个维度。从协调性合作行为形成的前因构型来看，有 8 条不同路径都可以促成协调性行为，通过对不同路径进行对比发现变量间的替代关系，同时发现在不同的路径中有一个共同的变量即低不确定性和高互补性资源，充分说明不确定不是协调性行为产生的关键因素，而互补性是协调性行为产生的重要核心变量；从投机性合作行为形成的前因构型来看，有 4 条路径会促使投机性行为的产生，通过对不同路径进行对比发现不同变量之间存在替代性关系。

（2）针对企业网络合作行为的演化过程，本书主要分为分权式网络权力配置和集权式网络权力配置两部分。在分权式配置中，企业网络为对称性网络即网络成员所拥有的网络权力是对称的，每个参与者都拥有相同的权力，每个参与者可以自己决定是否对该网络投入专用性资产，而且可以决定参与或者退出该网络，但是由于企业网络强大的网络效应，所以对公共品博弈演化后发现，企业网络成员随着时间的推移出现明显的聚集现象，充分说明在分权配置下，对于每个参与者的备选策略中合作为占优策略，合作者出现集聚，背叛者也出现集聚，形成一种"物以类聚，人以群分"的状态；在集权式配置中，本书假设整个行业网络中存在多个核心企业，每个小型企业网络存在一个核心，而且在行业层面上每个核心企业对网络权力的不同态度实施不同的决策，非核心参与者基于不同的行为决策和自身的学习以及迁移能力来选择自身的决策，仿真结果发现随着时间的推移核心型企业参与者周围出现大面积的合作者集聚的现象，说明当核心企业实施核心型决策时，合作策略为占优策略，而坐收其利型参与者周边多为背叛者，也有部分初始状态的合作者转变为背叛者，表明在坐收其利型策略下背叛为占优策略，支配型策略周围存在一些合作者和一些背叛者，各自形成自己的集聚。

（3）针对企业网络合作行为的治理，本书基于菜鸟网络合作行为的整个发展过程，将合作行为分为投机性合作行为和协调性合作行为，针对菜鸟网络的合作行为制定治理机制，包括复杂性契约机制、管控机制、信任机制以及关系规范机制，进一步结合案例研究的方法将合作行为的两个维度与不同的治理机制进行动态匹配分析，认为企业网络中治理机制取决于不同维度下网络内合作行为发展的不同阶段，在企业间合作行为的形成阶段，网络成员关注网络的价值创造，其行为趋向于协调性行为更多需要正式治理机制，而在其演化阶段时网络成员更关注价值获取，其合作行为趋向于投机性行为则更多需要关系规范和信任机制，而在合作开始前更多的是正式治理机制中的复杂性契约，而合作中更多是管控机制的实施。

　　通过对企业网络合作行为的形成、发展与治理进行深入分析后，本书的主要创新之处表现在以下几个方面：第一，厘清企业网络合作行为的形成机理。本书通过定性比较分析方法对投机性合作行为和协调性合作行为的影响因素进行构型，形成了不同维度合作行为的路径，弥补了现有研究中过多关注投机性行为而忽视协调性合作行为的形成机理，并对不同变量间的替代关系进行深入研究，挖掘出合作行为形成的前因变量中不同要素的联动效应，突破了各因素间融合宏观层面与微观层面影响因素而难以区分的困境，丰富了企业网络合作行为理论。第二，揭示企业网络合作行为的演化机制。传统上学者对于企业网络合作行为的研究都局限于从静态或者单一视角的研究，本书运用网络合作博弈方法刻画合作行为动态演化过程，通过对合作行为的演化过程进行仿真模拟，进一步揭示其不同参与者动态性的进行合作博弈的具体行为选择过程，发现网络权力配置对合作行为的影响取决于企业在网络内的行为决策，从而开启不同权力配置模式下企业网络合作行为动态发展的"黑箱"，弥补现有研究过于理论化或者静态片面性的不足。第三，基于企业网络实践提出合作行为的治理机制与对策。本书基于菜鸟网络进行单案例分析，从企业间的协调性和投机性视角对企业网络合作行为进行治理，并进一步依据合作行为的形成和演化过程构建与其不同行为相匹配的动态性治理机制，突破传统研究中从静态视角提出治理机制以及出现治理不足或过度治理的研究局限，有目的地促进行为合力的生成，构建企业网络合作行为的治理机制与治理对策，为网络组织的健康运行提供方向性指导与新的洞察。

　　本书对企业网络合作行为的形成、演化与治理进行了研究。一方面，企业网络作为一个将组织和市场的特征融合在一起的组织形式的联合体，使得企业网络的治理既复杂又有趣。加入网络的企业由于合作者行为的不可预测性等，网络成员可能会发现很难有效地组合彼此的资源，行动协调的难度也超乎想象，所以尽管企业网络迅速增长，但是存在巨大的风险，因此以协调视角为切入点对企业网络合作行为进行研究，实证性地探索网络合作背景下企业之间的协调关系，直面具有本土化特征与规律的企业合作实践，解决中国企业价值创造能力不强、动力不足、路径迷茫等实质性问题，形成有中国特色的能真正指导中国企业合作实践的企业合作行为新理论具有重要的理论意义。另一方面，本书通过从不同层面、不同阶段对企业网络合作行为进行分析，明晰网络合作环境下各节点的内在行为方式以及相互联系、相互作用的运行规则，以最终制定合理引导行为的具体对策建议，实现研究过程的技术导向与问题导向相结合的目标，并推动中国企业网络由全球价值链的低端向高端跃升，为开辟中国企业网络价值创造的新路径提供现实启发。

目　　录

第一章

绪　　论

一、研究背景和意义

（一）研究背景

互联网时代企业网络已经成为企业获取资源并保持持续竞争优势的重要组织模式，其行为作为影响网络绩效的关键因素引起各界的普遍关注。《制造业创新中心建设工程实施指南（2016－2020年）》指出，随着云计算、物联网、大数据等新一代信息技术与制造业的深度融合，带来制造模式、生产方式、产业形态和产业分工格局的不断变革。[①] 全球制造业创新载体逐渐从单个企业向多主体协同创新网络转变，创新流程从线性链式向协同并行转变，以具有跨界、融合、协同特征的新型创新载体为核心的全球制造业网络正在形成。《工业和信息化部关于进一步促进产业集群发展的指导意见》中也指出要鼓励和引导企业间联合组建产业联盟或研发联盟等新型合作模式，强化产业链整合和供应链管理。2019年4月《关于促进中小企业健康发展的指导意见》中指出，中小企业是国民经济和社会发展的主力军，鼓励大型企业向中小企业开放共享资源等行为，围绕创新链、产业链打造不同企业协同发展的企业网络。[②] 实践中随着资源依赖、任务复杂性、交易频率以及

[①] 制造业创新中心建设工程实施指南（2016－2020年）［N］. 工业和信息化部官网. 2016－08－28.

[②] 中共中央办公厅、国务院办公厅：《关于促进中小企业健康发展的指导意见》［EB/OL］. 中央人民政府官网. 2019年4月7日.

需求不确定性等（Jones et al.，1997）外部风险的加剧以及技术与市场的迭代周期不断缩短（George et al.，2001；Hoffmann，2007），企业通过"抱团取暖"的方式形成网络，并通过协调企业间的合作行为进一步推动整个网络的高效、协同运行。

然而，在具体网络合作过程中却出现了一些理论上尚不能很好诠释的行为。例如，企业间由于彼此资源优势不同，导致权力配置失调，核心企业盛气凌人，而非核心企业违心屈从，使得合作网络陷入"三个和尚没水吃"的困境（孙国强等，2016）。例如，2017 年爆发的顺丰与菜鸟的数据大战①，尽管同属于一个网络，但是鉴于不同企业间各自利益分配以及数据共享等问题引发数据之战，尽管后续数据共享问题得到和解，但并不意味着这个问题已经彻底解决，还有再次发生的隐患，此外还包括从 2012 年起，多个行业大促行为前夕，京东等平台方与供应商之间的一系列恶性竞争问题频发，这不得不引起我们对企业间如何良性合作的思考，作为网络内核心企业的平台方应该如何行使其行为？所以拥有网络固然重要，但是如何在合作网络中协调和控制行为，引导其发挥"1 + 1 > 2"的网络效应显然更具有意义。

经过近 30 年的发展，学者们对企业网络研究的关注度持续上升，逐渐从社会学、经济学、管理学延伸到心理学等多学科多视角，具体包括交易成本经济学（Kogut，1988；Oxley，1997；Sampson，2004）、博弈论（Arnd and Seale，2005；Parkhe，1993）、社会结构视角（Gulati，1995；Gulati，1995b；Robinson and Stuart，2007）以及基于信任的观点（Ring and Ven，1994；Uzzi，1997；Zaheer，McEvily and Perrone，1998），被用来解释联盟中合作问题何时出现、为什么出现以及产生什么影响，具体表现为联盟网络的形成、治理结构的选择、联盟的动态演变以及联盟绩效等相关研究成果（Gulati，1998）。研究内容主要聚焦于企业间信息传播、知识传播等行为的研究，研究方法也较为单一，尚未形成系统的理论框架，对一般意义上企业网络合作行为的研究尚缺乏系统和深入，表现在对企业网络合作行为的内涵及外延缺乏明确的认识。加之，学者们对合作伙伴间行为的有效协调和调整所起的关键作用关注不多。而且针对企业网络合作研究中尽管与组织生活多

---

① 经济之声《天下财经》报道．顺丰、菜鸟"互撕"后和解 冲突核心是数据之争［N］．央广网．2017 年 6 月 4 日．

个方面的相关性越来越大，但组织和社会中的合作知识在学科内沿着平行路径发展，相互学习很少（Gulati and Ranjay，2012）。

此外，学者们更多的将行为作为自变量对绩效进行研究，而未能关注行为在企业网络研究中的重要性，没有很好地揭示行为产生背后的"黑箱"。显然，在研究企业网络合作行为治理时如果没有一个科学定义和清晰的要素构成，很难形成完整的理论体系和分析框架，这也影响了网络合作行为治理研究的科学性和对商业实践的适用性。而且学者们过分关注网络结构、组织间关系、创新绩效等微观细节方面的研究，忽视了网络合作行为的重要性，尤其是从协调视角对企业间合作行为的具体内容，以及如何进行治理重视不够。值得注意的是，在管理学特别是战略管理研究中，组织治理还有"联合行动"的含义，而这些已有组织治理理论基本都是围绕着机会主义行为展开。换言之，没有机会主义行为，也存在协调问题，也存在没有机会主义行为下的协调成本和因此产生的治理问题（Conner and Prahalad，1996；Gulati and Lawrence，2005）。

基于此，本书对企业网络合作行为的已有文献进行全面回顾后，基于"形成—演化—治理"的逻辑提出了一个多学科跨层次合作的分析框架，以解释其合作行为在企业网络内如何形成、如何演变以及如何对其进行有效治理。具体而言以明晰企业网络合作行为的概念与影响因素为起点，从微观节点和宏观整理两个层面构建企业网络合作行为形成的内在机理以及动态演化机制，据此结合案例研究对合作行为产生的结果进行有效治理，并进一步提出治理对策，为企业网络合作行为的引导提供新的洞察和治理方案。

（二）研究意义

1. 理论意义

在经济转型情境中，企业网络已经成为企业获取竞争优势的有效组织形式，规模庞大的分散化企业网络正逐渐演化为现代经济中一种日益稳定的业务运作模式，但理论的探索显然已滞后于实践发展的需要，传统的管理理论仅将注意力集中在企业内部的运营上，没有对如何管理大规模的企业网络提供多少见解，而且这些传统理论在应对这种大型的、无边界的、无定形且不断演化的企业网络时，明显表现出无力和不适应。此外，企业网络作为一个将组织和市场的特征融合在一起的组织形式的联合体，这使得企业网络的治理既复杂又有趣。加入网络的企业由于其成员伙伴行为的不可预测性等，网络成员很难有效地组合彼此的资源，同步互动的难度超乎想象，所以尽管企业网络迅速增长，但是这种企业网络被认为存在巨大的风险，因此以协调视角为切入点对企业网络合作行为进行研究，实证性地探索企业网络背景下企业之间的合作关系，直面具有本土化特征与规律的企业合作实践，解决中国企业价值创造能力不强、动力不足、路径迷茫等实质性问题，形成有中国特色的能真正指导中国企业合作实践的企业合作行为新理论具有重要的理论意义。

2. 现实意义

在中国企业市场经济地位逐渐确立的条件下，企业积极寻找合作伙伴，通过优势互补形成企业网络实现独自无法实现的商业机会，已经成为常态化的商业模式。在经济结构调整、高质量增长、创新驱动与去产能、去库存、去杠杆的大背景下，中国企业面临着巨大的转型升级的变革压力，只有通过基于核心能力的资源外取策略，才能适应不断变化的新环境。通过相关媒体报道和管理咨询活动，我们发现许多企业之间的合作以失败而告终，失败率高达50%（Kale、Dyer and Singh，2002；Kale and Singh，2009；Lunnan and Haugland，2008），而且学者们对合作行为的有效协调和调整所起的关键作用关注较少，所以对于合作行为的影响因素以及生成机理等问题尚未达成共识。因此，中国企业网络治理实践迫切需要创新性地研究网络合作行为的形成、演化以及治理机制。本书从不同层面、不同阶段对企业网络合作行为进行分析，明晰网络合作环境下各节点的内在行为方式以及相互联系、相互作用的运行规则，以最终制定合理引导行为的具体对策建议，实现研究过程的技术导向与问题导向相结合的目标，并推动中国企业网络由全球价值链的低端向高端跃升，为开辟中国企业网络价值创造的新路径提供现实指导。

二、国内外文献综述

基于企业网络合作行为的研究逻辑，结合国内外已有研究与实地调研发现，影响企业网络合作行为的变量复杂而多样，本书将企业网络合作行为的研究现状分为合作行为的影响因素、合作行为的结果以及合作行为的治理三个部分。本书从以下几个方面对已有文献进行梳理。

（一）企业网络合作行为的影响因素

企业网络合作行为的产生究竟由哪些因素来决定，是学术界关注的焦点之一，学者们从不同视角展开研究，形成了截然不同的观点。通过对已有文献进行梳理发现学者们主要从结构、关系以及制度三个视角对企业网络合作行为形成的影响因素展开分析。

1. 结构决定论

结构决定论是学术界的主流观点，即网络结构或节点在网络中的位置决定企业的合作行为，在网络内处于关键节点位置的企业被认为拥有更多的资源和信息，并进一步影响该企业的合作行为。占据良好网络位置的节点在收集与处理信息方面将更具优势，卓越的网络位置可以帮助企业更好地获取网络资源、探索有价值的信息，在进行合作创新时具有先发优势。因此，网络位置的主要变量是中心度与结构洞，中心度描述企业在网络中的战略位置，代表其在网络中占据更高地位来控制网络中的关键资源，体现了对网络资源的控制力；结构洞反映网络节点与两个互不相连的节点都有联系的情况，其主要优势体现在对社会网络的信息优势，能帮助企业从网络成员处获取信息与资源，提升企业的资源获取、资源吸收与资源积累的能力。

一直以来网络位置都是学者们关注的焦点，因为网络位置可以作为节点企业合作行为产生的重要信号，网络位置也会通过网络权力对合作行为产生影响。例如两个网络地位差距较大的企业间不利于合作行为的产生，而且如果地位是一种质量的信号，一个低地位的企业将被其他组织认为几乎没有实质性的帮助。这些条件的结合意味着，在其他条件相同的情况下，企业网络中享有高地位的组织之间的合作行为应该更为普遍。因此，在网络分析中，网络位置作为网络节点间位置关系的函数，对其合作行为具有重要的影响力。

2. 关系决定论

关系理论强调，组织间关系是创造竞争优势最重要的来源之一，企业网络作为一个将组织和市场的特征融合在一起的组织形式的联合体，企业的关键资源通过跨越企业边界嵌入于企业间的日常事务和流程中。因此，从企业间竞争优势的关系观视角将企业二元关系作为理解竞争优势的重要分析单位，它为我们对组织间合作行为的理解提供了一个理论基础。本书将基于戴尔和辛格（Dyer and Singh，1998）的观点从以下几方面对其进行梳理。

（1）组织间信任。信任作为一个古老的话题，学术界对这个关键变量展开了持续讨论，也形成了基本一致的认识。信任是一个多层次、多维度的概念，对信任的研究层次主要包括组织内部的信任、组织间信任以及网络整体的信任，对信任的维度主要包括计算信任和关系信任。本书所指的组织间信任是指企业网络内不同企业间通过合作建立起来的诚实守信关系，并据此探索基于信任而产生的合作行为，没有组织间信任就不会产生企业间合作，既包括计算信任也包括关系信任。信任通过内在动机而不是外在动机来影响合作伙伴的行为，它可以减少机会主义行为的产生，促进以不确定性和依赖性行为特征的交换关系中合作行为的形成，尤其是在中国，信任在中国文化中具有更加特殊的意义。

然而，组织间信任是企业网络合作行为产生的必要但非充分条件，只有在合作方反复进行市场交易，进而确认双方遵守公平准则的情况下，才会产生对组织间信任的依赖。尽管组织间信任对企业网络合作行为至关重要，但是在高度相互依赖的情况下，组织间的高度信任会产生关系惰性（relational inertia），关系惰性会导致合作伙伴之间的自满和市场纪律的丧失，从而导致不适应性，或者也有学者将其称为"过度信任"。这种过度的组织间信任可能导致盲目的信任、自满、过度的义务、不断升级的承诺以及妨碍合作伙伴间合作行为的产生。所以，适度的组织间信任才会促进网络合作行为的产生和发展。

（2）专用性资产。专用性资产对于企业间合作具有重要的价值和意义，对合作行为的形成也具有重要的影响。阿米特和休梅克（1993）认为专用性是租金产生的必要条件，尤其在资源有限的假设下，没有任何一个企业可以拥有其发展所需的全部资源，因此，企业必须做一些专用的或独特的事情来发展竞争优势。但是，投资专用性资产的决定是企业网络中的一个重大战略问题，因为它既是价值创造的来源，也是关系退出的障碍，对企业网络内合作行为产生具有重要的影响。

一方面，专用性资产投资可以促进合作行为的产生。例如，浅沼（1989）最早记录了日本供应商和汽车制造商之间发展出的专用关系技能如何为合作企业带来超额利润和竞争优势。同样，戴尔（1996）在汽车制造商及其供应商的样本中发现专用关系投资与绩效之间存在正相关关系。此外，萨克森宁（1994）发现惠普和其他硅谷公司通过与近距离供应商发展长期合作关系，大大提高了绩效，靠近高科技产业大大促进了快速变化和复杂技术所需的合作。事实上，一些研究已经表明，通过特定投资而产生的地理邻近性促进了企业间合作行为的产生，从而提高了绩效。这些研究表明，专用性资产投资产生的关系租金是以更低的价值链成本、更大的产品差异化、更少的缺陷和更快的产品开发周期来实现的，对合作行为的产生具有正向的调节作用。另一方面，专用性资产投资会由于其退出障碍而诱发机会主义行为的产生。例如，由于专用性资产的特殊性，终止目前的关系并转向新的合作伙伴将造成重大的经济损失。因此，如果出现意外情况，进行了大量专用性资产投资的一方很容易受到供应商机会主义行为的影响或者由于专用性资产的不对称性，投资较少的企业将在进行价值获取谈判中拥有更大的议价能力，并进一步影响其合作行为的形成。

（3）互补性资源。互补性资源是学者们研究企业网络合作行为形成和治理的关键问题，并已经作为网络整体收益的关键驱动因素被广泛讨论。从已有文献来看，互补性的文献既复杂又困惑，学者们主要关注两种类型的互补性，分别为通用互补性和专用互补性。戴尔和辛格（1998）在对关系租金产生的影响因素进行分析时，认为互补性资源作为合作伙伴的独特资源，它们共同产生的租金大于每个伙伴从各自禀赋中获得的租金之和，并通过案例研究论证了联盟伙伴为联盟带来了独特的资源，与合作伙伴的资源相结合产生了协同效应，而且联合的资源禀赋比合并前更有价值、更稀有、更难以模仿，能够促进合作行为的产生。

互补性资源与企业间的依赖程度具有密切的关系，当企业间依赖程度较低时互补性资源可以自己创造价值促进合作行为的形成，随着相互依赖程度的增加，合作伙伴间协调的复杂性也随之增加，而且只有企业间拥有足够兼容的系统和文化以促进合作行为产生时，网络效应才能产生。西格尔考和辛格（2011）发现，与较低的相互依赖性相比，涉及更高相互依赖性的共享活动与更高层次的决策结构相匹配时表现更好，才更有利于合作行为的产生。正如古拉蒂和辛格（1998）所指出的，在相互依赖的背景下产生协同效应比在集合或顺序依赖的情况下更具挑战性。

3. 制度决定论

学者们多从结构与关系的角度对企业网络的合作行为进行诠释，却忽略了制度理论对于合作行为的影响，因为在中国特殊国情的背景下制度视角也许能更好地解释企业网络的合作行为。制度思想学派认为，合作行为失范不仅可以通过正式和明确的规则来避免，而且可以通过从广泛的社会机构或更多的行业、专业或组织特定的机构派生的非正式规范和隐含假设来避免。制度理论的核心观点是要理解个人和组织行为，就必须将其置于社会和制度环境中，这种制度环境既规范了行为，又为代理和变革提供了机会。所以制度理论能够为企业网络合作行为提供更充分的解释，现有文献对组织制度主义的研究主要包括合法性、认知规范（网络惯例）和制度安排（网络权力）。

（1）合法性。制度理论的核心前提是组织通过制度同构的方式实现合法性。合法性不仅能够帮助企业获取资源而且还为企业创造了制度环境，尤其在中国，政府政策导向对企业行为会产生重要的影响作用，这时合法性可能更具有重要意义。这能够在一定程度上解释为什么有的中小企业本身效率较高，但是还愿意与其他企业合作形成网络。因此，企业网络内成员不止考虑效率和公平因素，还需要确保企业经营活动在各种制度和规范框架内得到合法性。而且企业网络合作行为的合法性主要由政府、协会和供应商等外部利益相关者来判定，因此网络成员积极寻求合法性能够促进合作行为的形成。这些都表明，合法性会促进网络绩效的形成。

（2）网络惯例。随着企业网络的不断演化，学者们对惯例展开深入的研究，并取得了相对丰富的研究成果，研究突破了组织的边界限制从组织内部跨越到组织间合作，研究内容也从组织惯例转入网络惯例，并进一步对网络惯例的影响因素以及生成机理进行深入探讨。企业网络中的核心企业是网络惯例形成的主导者，对合作行为的产生具有主导作用。网络惯例一方面在网络成员行为规范、协调网络整体运行以及促进网络成员合作行为等方面具有正向的作用。例如，常红锦以创新网络为研究对象将网络惯例分为合作创新行为默契和创新网络规范共识两个维度对知识共享行为以及网络位置的作用进行分析；肖瑶从跨层视角出发将创新网络分为网络层、二元层以及企业层对不同层级惯例与结构机制、关系机制、学习机制进行分析，认为网络惯例通过设定"游戏规则"促进合作行为的形成，但是已有研究中成果还相对分散且尚未形成系统性的逻辑分析框架和理论共识，缺乏对实践中企业网络提供具有针对性指导。

（3）网络权力。权力这一概念起源于社会学，随着学术界对该概念的关注，该名词逐渐延伸到经济学和管理学领域，但是大多数学者对其研究仍围绕企业内部科层进行，对于企业间合作而形成的权力关注较少。权力主要包括两种类型，分别为个体权力和网络权力。其中个体权力是参与者所拥有的内在资源及其在网络中的定位赋予了参与者以微观层面的权力，使某些成员较之其他成员表现出更大的权力，比如有些网络中存在显著的核心；而网络权力是指网络层面的权力。但是大部分研究认为在企业网络中个体权力也属于网络权力的范畴，统称为网络权力。

网络权力作为网络交换和协调过程中的影响和控制能力，是行动主体在参与、互动、协调过程中相互博弈的结果，对合作行为具有阈值效应。一方面，企业网络作为一个松散耦合的联合体，核心企业拥有网络权力提高了网络成员的认同感与合作网络的凝聚力，能够协调组织间关系保持网络平稳发展，加深企业间合作的深度，促进合作行为的形成。例如，笔者在调研中发现，有核心企业存在的合作网络往往运行效率较高、一致性较强，达纳拉吉（2006）发现企业网络内节点企业可通过知识权力来正向影响其他企业的合作行为。另一方面，拥有网络权力的核心企业也有可能基于自身的权力而谋取私利，导致网络成员产生逆反情绪或形成貌合神离的状态，影响网络的健康发展或者权力主体未来维护其网络位置而避免产生深入合作的行为，例如，企业间核心与非核心企业由于权力配置失调而导致合作网络陷入"三个和尚没水吃"的困境。此外，鉴于网络权力产生的来源具有多样性，而且由于网络权力受到吸收能力、资产专用性以及需求不确定性的影响，网络权力可能是暂时的，所以网络权力对合作行为的影响是复杂的。

（二）企业网络合作行为的后果研究

虽然二元关系和企业网络作为理解企业绩效的一个独特的分析单元，但是真正推动网络发展并决定其绩效的是网络内所有成员企业的"行为合力"。学者们从多个角度对企业网络合作行为产生的后果进行探索和研究。例如达斯和滕（Das and Teng，1998）指出，网络绩效既涉及网络成员的收益率或增长率，还可用整体的网络表现界定，如成员对网络合作结果的整体满意度、成员预期目标的实现程度等。戴尔和辛格基于企业间价值创造理论，提出了价值创造和关系租金的四个主要决定因素：互补资源和能力、特定关系资产、知识共享程度和有效治理。拉兹科亚和哈洛瓦（2018）以HeadBox的纵向案例为研究对象，运用利益相关者理论，提出了平台黏性—利益相关者盈利能力框架，确立了多利益相关方平台中央参与者在价值创造和价值获取之间缺失的联系。本书认为网络绩效不足以对网络合作行为的后果进行充分的诠释，所以从价值创造和价值获取两个维度对其进行梳理。

1. 价值创造

学者们对合作行为的后果主要通过绩效的方式进行研究，但价值创造丰富了传统绩效研究的内容，而且价值创造又具有多维度、多学科的特性。例如，从经济学的角度来看，企业作为自利理性的个体，参与企业网络的目标在于获取超额利润或关系租金，戴尔和辛格（1998）从关系视角对企业网络获取关系租金的四个影响因素进行探讨，罗珉（2007）从组织间关系的视角对企业网络获取关系租金的方式进行分析，杨瑞龙（2005）等也对关系租金进行了探讨；从战略管理的角度来看，企业网络的目标在于价值创造最大化，个体参与网络的目标在于价值获取最大化，例如，戴尔和辛格（2018）从价值创造和价值获取的视角对企业间的关系观进行了再审视，并将互补资源、关系专用资产、知识共享程序和有效治理作为价值创造的来源。

从网络整体层面来看，不论在管理还是组织文献中价值创造都是核心概念，因为企业间合作形成稳定耦合结构模式的终极目的在于通过协同效应创造价值。主要原因包括几个方面：首先，价值创造过程可提供比目标用户现有的更多新颖和适当利益的任何活动，这样他们才愿意为此付出代价；其次，价值创造过程培养组织的动态能力，组织在环境变化的情况下，通过关注企业如何创造新的优势来创造价值；最后，价值创造更加注重产生新组织知识的过程，从而进行价值的创造。据推测，这些新知识可以为目标用户带来更大的价值。尤其是企业在面对不确定的环境时更有可能进行创新，企业管理者可以享受闲置资源，并且拥有庞大的社交网络和组织能力，将知识转变成新知识，并创造更多的价值。

2. 价值获取

价值获取与价值创造是同时存在于企业网络研究中的一对概念，现有研究大多聚焦于从价值创造的视角对企业网络合作行为的后果进行研究，却忽视了价值获取的重要性，然而现实中不难发现，只关注价值创造不足以维持企业网络合作行为产生的持续竞争优势。例如，ofo共享单车的消失，如果只从价值创造的角度来看似乎不能够对这种现象做出很好的诠释，毕竟共享单车不论从哪个方面而言都创造了价值，为用户带来了极大的便利。究其原因，共享单车在为利益相关者创造价值的同时，如果平台企业本身不能够从中获取价值，就不足以维持平台网络的有效运作。为了生存和繁荣，它们需要能够获取其创造的价值，然而，获取价值通常比创造它更困难。

要对网络合作行为产生的后果充分诠释，理解价值获取过程的本质就变得非常重要。学者们也对其进行了探讨，例如，巴纳德和贝特罗夫（2003）的一些经典文献将 RBV 称为价值获取理论而非价值创造理论，里塔拉等（Ritala et al.，2013）是为数不多的研究者之一，确定了中心行动者可以在创新生态系统中使用的有形和无形机制，以促进和确保价值创造和价值获取。区分价值创造和价值获取时，一个关键的概念是价值滑动（value slip-page），即创建价值的一方没有保留所创造的所有新价值。从长远来看，滑动显然没有激励资源继续创造价值。雷帕克和史密斯（Ray Park and Smith，2007）提出了竞争和隔离机制来防止价值滑动，激励组织进行价值创造，保持整体企业网络的竞争优势。所以，建立联盟的公司必须首先考虑他们计划如何在这些联盟中实现合作和价值创造。然而，他们还需要考虑如何从联盟中获取价值，与合作伙伴分享收益。并从四个方面构建价值获取的隔离机制：复制或替换合作伙伴的互补资源、开发与联盟合作的额外 VRIO 资源、对关系特定资产的非对称（较低）投资导致对合作伙伴的相对依赖性降低、防止竞争对手（比其合作伙伴更有效）模仿其 VRIO 资源。

（三）企业网络合作行为的治理逻辑

企业网络作为一个将组织和市场特征融合在一起的组织形式的联合体，这使得对其合作行为的治理既复杂又有趣。一方面从治理范围来看，传统的管理理论仅将注意力集中在企业内部的运营上，没有对如何管理复杂的企业网络提供多少见解，而且这些传统理论在应对大型的、无边界的、无定形且不断演化的企业网络时，明显表现出无力和不适应（Iansit，2004）。另一方面从治理的目标来看，传统组织治理理论基本都是围绕着机会主义行为治理而展开的，在管理学特别是战略管理研究中，组织治理还有一层意思是联合行动，换言之，没有机会主义行为，也存在协调问题，同时存在没有机会主义行为下的协调成本和因此产生的治理问题（Conner and Prahalad，1996；Gulati and Lawrence，2005；Gulati，2012）。

所以，从企业网络合作行为的治理逻辑来看其治理需要回答三个基本的问题：为何治理？如何治理？谁来治理？由此构成企业网络治理体系的三大要素治理目标、治理机制和治理主体。本书基于企业网络合作行为治理的研究逻辑，分解成自上而下紧密相连的三个层次的治理分析框架，即"治理目标—治理机制—治理主体"，其中治理目标为价值最大化，包括网络整体价值创造和网络个体价值获取之间的平衡；治理主体包括政府、企业网络以及利益相关者，普罗文（2007）根据网络治理是否需要主体以及主体来自外部还是内部等维度，将网络治理的方式分为三类：共同治理、核心企业治理和第三方治理；而治理机制是指能够保证网络组织有序运行、对合作行为起到约束与调节作用的非正式宏观行为与微观运行规则的综合，是合作行为治理的关键与核心（孙国强，2003），具体合作行为的治理框架，如图1-1所示。

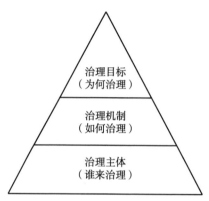

图1-1　企业网络合作行为的治理框架

从已有研究可得知，企业网络合作行为的治理机制主要沿着两条逻辑线展开：其一，企业网络作为治理方式（Ring，1992；Ménard，2004），主要指企业为了获取资源并保持持续竞争优势而采取基于契约的治理形式，包括联盟或各种形式的网络组织等，是一种区别于传统市场和层级的中间型组织，不同类型合作行为构成了一种协同经济活动的独特形式（Powell，1990），例如，威廉姆森（1991）和梅纳德（Maynard，2004）所提出的混合组织治理结构都属于此类范畴；其二，企业网络合作行为作为研究对象进行治理，主要指通过正式契约或非正式契约等方式来约束或者重塑企业网络成员间的关系，以网络内企业为"点"，企业间关系为"线"，网络整体为"面"，通过点、线、面而形成的网络化治理机制。例如，孙国强（2003）在琼斯（1997）等的基础上，提出其微观机制（学习创新、激励约束、决策协调和利益分配）和宏观机制（信任、联合制裁、宏观文化与声誉）。

此外，企业网络合作行为作为一个跨学科研究，需要结合多学科、多层次的深入探究才能更充分、更深入地揭示其网络合作行为治理规律（Salvato and Reuer，2017）。已有文献中现有网络合作行为的治理机制可以分为复杂性契约机制、正式治理机制和关系治理机制（Mellewigt，2018），其中正式治理机制主要指控制和协调合作伙伴行为和关系产出的非个性化手段（Hoetker and Mellewigt，2009）；复杂性契约机制主要指合作企业通过事前澄清游戏规则，保护其不受机会主义等行为的影响（Carson et al.，2006）；关系治理机制主要指它通过合作企业间的相互作用来加强信任和社会认同的建立（Martinez and Jarillo，1989；Dyer and Singh，1998），包括信息共享、信任等。但事实上这种简单的归结既缺乏理论上的层递性，也没有考虑个体与整体实践中的可操作性，而且对网络治理机制的研究大多数局限于理论和规范的分析和描述，少有的实证分析（Mellewigt and Hoetker，2018；Wu and Wang，2017）也不足以对其进行充分的阐释与论证。基于企业网络合作行为治理的分析框架，研究发现企业网络合作行为为网络层面研究，仅从网络层面对合作行为进行分析无法深入揭示其行为产生的原因（Coleman，1990），所以对其进行治理时需要从静态、动态视角分别解释不同层次合作行为产生的原因，并构建与不同合作行为相匹配的治理机制，避免过度治理和治理不足的现象。

（四）文献评述

通过对国内外大量文献进行分析后发现，学者们对企业间合作行为进行了长期持续的研究，并形成了较为丰富的研究成果，尤其是把社会网络理论引入到企业网络研究之中，取得显著进展，但是直接与合作行为相关的研究成果还不够丰富。经过上述文献分析不难发现，以下几个方面尚有进一步研究空间：

其一，企业网络合作行为的形成机理问题。企业网络作为一个复杂的系统，对其合作行为的研究不仅涉及宏观—微观等不同层面的研究，而且企业网络行为作为一个动态性的企业间互动过程，仅依赖传统上一以贯之的单一理论视角已经无法满足现阶段的需要，应基于不同学科的视角将多种理论相融合对企业网络合作行为的形成机理给出合理的阐释。因此，企业网络合作行为产生的研究不能止于对新现象的浅层描述，而应将网络行为置身于现实的情境与研究背景之中，通过合作行为产生的影响因素深入揭示隐藏在现象背后的机理，从而在理论上对网络合作行为的驱动机理做出本质性解释。

其二，企业网络合作行为的动态演化问题。尽管也有研究对企业网络的动态性进行了阐述，包括通过案例研究或者模拟仿真的方法等，但是现有研究过多关注合作描述而对行为演绎的重要性关注不够，而且行为的动态变化在合作中具有更加重要的研究意义，现有研究并未将理论与实践相结合，尚未揭示企业网络合作行为动态演化过程的"黑箱"。所以将结果调研数据通过设定情境和参数进行仿真的方法对合作中不同行为的选择以及行为的不断变化进行动态模拟，或选择典型案例进行长期跟踪的质性研究，无疑为企业网络合作行为结果给出充分揭示。

其三，中国特色企业网络合作行为的治理问题。传统的网络治理理论是基于欧美国家的经济实践进行提炼升华的结果，对中国企业网络的适用性并未得到检验，同时中国的传统关系文化与经济发展的制度安排与西方存在巨大差异。需要我们从中国的实际出发，通过探索性案例和基于中国情景的实证研究，解决我国企业创新能力不足，创造动力不强，企业创新网络效应不明显等现实问题，挖掘归纳可以指导中国经济实践的新理论，形成具有中国特色的能够真正指导中国企业合作实践的新理论，为中国特色企业网络合作行为理论创新与治理体系的构建提供基础。所以，在理论研究滞后于经济实践需要的情况下，企业网络合作行为治理理论如何完善，尚有巨大的需要深入探索的空间。

综合可知，合作行为作为影响网络组织运行和治理效果的重要变量，作为识别与诠释网络效应的重要依据，只有深入探索其产生的原因、动态发展过程以及运行结果，才能进一步探索合作行为无为而治的自律路径，并为企业网络转型升级提供新的洞察。

三、研究内容与主要工作

（一）研究内容

基于已有研究，本书将以企业网络作为研究对象，从节点企业和网络整体两个层面沿着3条线路对合作行为展开研究：

1. 企业网络合作行为的形成机理

本书根据文献分析与样本预调查来厘定网络合作中节点行为的影响因素，因为正是由各种复杂因素的共同作用才最终决定了企业网络合作行为的产生，因此网络合作行为形成的影响因素识别就成为本书研究的前提与基础。首先，从国内外相关文献中梳理已有研究成果，归纳学术界所提出的具体影响合作行为的影响因素；其次，通过实践调查发现，单独某个影响因素并不能促使企业合作行为的产生，而且不同的影响因素之间并不存在完全的独立性，在一定程度上合作行为的形成是各要素交互联动的结果。因此，对网络合作行为形成的各影响因素之间的内在机理进行探析就成为本书的主要研究内容之一。本书通过对不同行业节点企业进行调研与访谈，并运用定性比较分析方法与问卷调查相结合的方法来量化指标，进而对合作行为产生的驱动因素进行探讨，对节点行为不断加强并最终支配整个网络运作的多重层次原因进行探索，进而通过定性比较分析方法分析不同合作行为产生的影响因素之间的联动效应进行实证分析。

2. 企业网络合作行为的演化机制

鉴于企业网络合作行为并非静态的，而是处于不断的变化和发展中，所以通过对动态过程中网络内不同角色企业合作行为的影响因素进行模拟仿真成为本书的主要研究内容之一。首先，明晰网络合作环境下各节点的内在行为方式以及相互联系、相互作用的运行规则和原理；其次通过网络演化博弈与 Matlab 相结合的方法对企业网络合作行为过程中不同权力配置模式进行动态模拟仿真，并最终提出合理引导行为的具体对策与政策建议。基于此，本书运用模拟仿真方法对合作行为进行网络动态演化。首先，在网络层面对核心企业和非核心企业策略选择的合作行为的模型和前提假设进行分析。其次，将网络权力配置分为集权式和分权式进行仿真，分析不同因素对企业网络内双方合作行为的动态影响，在原始模型基础上根据主体选择的不同原则反复重构，不断修正，最终对网络合作行为规律进行分析和判断，以捕获网络合作行为的动态演化机制。

3. 企业网络合作行为的治理研究

本书以企业网络作为研究对象，对其行为进行研究关键在于为其治理提供基础，但是企业基于自身在网络中扮演角色的不同会表现出不同的行为，而这些行为不仅会直接影响到其商业网络的整体性，也决定着企业自身的绩效，企业只有立足于创造、利用或者重塑一个健康的网络时，才可能带来强劲而持久的网络效应。

一方面，本书通过将理论与实践相结合的方式，引入菜鸟网络进行单案例纵向研究，并通过各种方式收集相关数据资料，构建企业网络合作行为的治理机制。基于此，本书以价值创造理论为基础，首先，通过在企业网络合作行为动态演化的基础上，结合前期问卷调研的结果，从整体网络价值创造最大化和参与者个体价值获取最大化两个维度，提出相应的研究命题；其次，明确分析单元，并对所选取案例进行调研并搜集资料（多源数据、三角验证）；最后，得出细化的理论模型，为其行为治理对策的提出提供理论依据。

　　另一方面，基于已有研究从行业规范、网络整体与合作节点3个层面构建合作行为的治理逻辑，并提出相应的治理对策。行业规范层面：行业协会等作为国有企业的治理者和中国特色制度安排下的权力拥有者，积极参与并推动合作，尤其是在全球价值链合作中发挥主导作用；网络整体层面：优化网络结构，通过适度嵌入提升权力配置效率，清晰定位企业网络战略，注重发挥企业网络独特功能，制定必要的行为准则与议事规程，建立并完善资源共享平台，保证合作企业能及时有效地捕捉到最前沿的知识与技术；合作节点层面：基于优势互补与资源依赖，夯实信任基础，营造融洽氛围，依据相关理论合理引导行为，促进行为合力的形成，培育行为自律机制，注重发挥核心企业的标杆效应，协调个体之间的行为互动，减少恶意竞争与冲突，避免资源浪费与内耗。由此，形成一个合作行为的治理逻辑框架，如图1-2所示，借助此平台不断完善企业网络组织这一商业模式，进而提出合作行为的治理政策建议与决策参考。

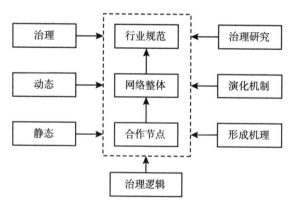

图1-2　企业网络合作行为的治理对策

（二）主要工作

面对日益激烈的国内外市场竞争，合作共赢成为经济实践的新亮点，如何合理配置权力、协调合作行为，实现竞合互融，进而推动地方生产网络向全球价值网络的转型升级，成为网络治理亟待解决的课题。第一，本书基于这一事实，将中国情境企业跨边界合作实践置于经济转型大背景下，通过文献计量分析法对现有研究成果进行梳理的基础上，对企业网络合作行为的研究内容进行解构，并深入其内部不同层次、不同维度构建其理论框架；第二，基于已有研究，本书对不同行业进行调研，并进一步进行半结构化访谈，此外还结合媒体资料收集相关二手数据，后续通过问卷调查的方式收集问卷，完善本书的数据资料；第三，基于企业网络合作行为形成的影响因素和相关数据资料，通过定性比较分析方法对不同维度合作行为的形成机理进行研究，进一步剖析其内在机理与不同影响因素之间的联动效应；第四，在企业网络合作行为形成机理进行研究的基础上，加入时间维度，通过网络演化博弈与系统仿真相结合的方法对其动态演化机制进行探析；第五，通过案例研究的方法将理论与实践相结合进一步提出企业网络合作行为的治理机制与治理对策，为中国传统产业健康发展与新兴产业快速成长奠定理论基础并提供可行指导。

四、研究思路和研究方法

（一）研究思路

本书以资源依赖理论为基础，基于"形成—演化—治理"的分析逻辑，以合作行为为切入点对其行为的动态过程进行探索，向前延伸到从不同维度对合作行为产生的影响因素进行研究，向后拓展到对其行为产生的结果构建治理模型，并在此逻辑分析的基础上提出合作行为的治理对策。具体主要分3个模块6个步骤完成：

模块1：在文献分析的基础上，界定企业网络、合作行为以及治理的相关概念，并在合作行为进行分类与阐述的基础上，对企业网络合作行为的研究进行逻辑解构，深入剖开其内在"黑箱"，并基于微观层面进一步构建企业网络合作行为的研究框架模型。

模块2：将静态视角和动态视角相结合，定性比较分析、网络演化博弈与模拟仿真等方法相结合，对企业网络合作行为产生的内在机理以及演化机制进行实证研究。

模块3：通过单案例纵向分析法对企业网络合作行为的治理进行研究，进一步对与之相匹配的动态性治理机制进行解释验证和深化，并提出相应的治理对策。

具体研究思路如图1-3所示。

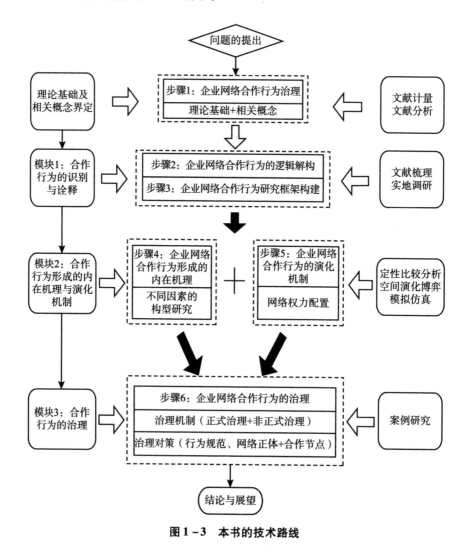

图1-3 本书的技术路线

(二) 研究方法

纵观国内外从网络视角对合作行为的研究成果，发现直到20世纪晚期大多数研究成果都为静态研究，少有的动态研究也只是选取了几个界面数据进行的定性分析。从研究方法来看，当前针对企业网络合作行为的相关研究大多聚焦于通过回归分析、结构方程等定量分析方法和理论推演，其数据也主要通过问卷、访谈或网络资料等方式来获取，而采用模拟仿真或实验研究方法的文献却很少，但这两种方法或许能在一定程度上弥补现有研究中对于网络数据获取不足的问题。此外，在当前的研究中较多为单一视角或单一方法的研究，采用两种方法进行相互验证、相互补充或两种视角相结合对其合作行为进行研究的成果还相对较少。在未来的研究中除了需要从静态视角对其变量进行关注外，还可以通过数据挖掘等方式收集动态历史数据，对其合作行为进行分析和探讨，以揭示其合作行为的动态变化以及相应的治理机制。同时，从数据来源来看，也要注重多种数据源的结合以及研究方法的相互验证，以进一步提高研究内容的信度和效度。

1. 文献分析方法

本书将利用丰富的文献资料与数据库系统（Web of Science 数据库，CNKI 数据库等）进行大量相关文献收集、整理、归纳与分析。注重从资源依赖理论、社会网络理论以及价值创造理论等跨学科分析现有文献，通过文献分析法对现有文献进行梳理发现既有研究的不足，进一步对网络合作行为的识别、决定因素进行诠释，提炼出概念性行为模式，为后续的模型构建与实证分析奠定基础。

2. 定性比较分析法（QCA）

定性比较分析的基本思想是以集合论和布尔运算作为其方法论的基石，探究前因条件组合如何引致被解释结果出现可观测的变化或不连续（Fiss，2013）。本书通过对不同行业企业网络内节点企业进行访谈和发放问卷的方式进行数据收集，并通过定性比较分析的方法对企业网络合作行为产生的驱动因素进行实证研究，对不同影响因素之间的相互作用以及联动效应进行分析，进一步挖掘不同变量间的关系，为后续研究提供基础。

3. 网络演化博弈法

网络演化博弈假设博弈个体处于具有一定拓扑结构的网络中，其博弈对象限于网络邻居，而非所有局中人。当个体根据邻居的选择而做出决定时，一个特定的行为模式就开始穿过网络连接进行扩散。本书从复杂网络的视角对企业网络内合作行为的参与者角色以及合作行为进行分类，基于网络整体的价值创造与节点企业个体的价值获取之间的平衡，通过情境设定与参数设置，构建企业网络合作行为的博弈模型，并依据演化规则和不同参与者的策略更新规则在网络上更新策略，直到网络上成员达到一种相对稳定的状态。通过对核心企业与非核心企业不同状态下策略选择行为以及稳定状态进行分析，以刻画企业网络合作行为的动态演化过程，弥补静态研究的不足。

4. 单案例纵向分析法

案例研究大致可分为单案例的纵向研究和多案例的比较研究。多案例和单案例的区别在于，多案例可以通过对不同案例进行对比进一步探索其规律，而单案例研究能针对某个现象进行深入挖掘，并进一步通过过程追踪的方式引发读者的兴趣或能够将某一种想象以更完整、更全面的方式呈现给读者。本书主要是针对企业网络合作行为理论进行拓展，通过弥补已有研究在时间维度的不足，进一步通过案例研究的方法对网络内合作行为进行治理。具体而言，本书通过单案例纵向分析的方法在不同阶段合作行为构建相应的治理机制，形成一种合作行为与治理机制相匹配的动态过程，以弥补现有研究的不足。

5. 模拟仿真法

本书基于网络演化博弈的方法构建博弈模型，基于网络演化博弈模型和演化规则，通过 Matlab 软件对网络演化博弈模型进行仿真，假设在网络演化博弈中设定每个参与者分别占据一个空间节点，分别在同质化网络和异质化网络中网络成员都与周围邻居进行博弈，并根据邻居的收益选择进行学习或迁移策略，通过不断的模拟仿真最后达到稳定状态，为网络内合作行为在复杂网络上的网络演化博弈提供支撑。

五、主要创新点

（一）厘清企业网络合作行为的形成机理

本书通过定性比较分析方法对投机性合作行为和协调性合作行为的影响因素进行构型，形成了不同维度合作行为的形成路径，弥补了现有研究过多关注投机性行为而忽视协调性合作行为的形成机理，并对不同变量间的替代关系进行深入研究，挖掘合作行为形成的前因变量中不同要素的联动效应，突破了各因素间融合宏观层面与微观层面影响因素而难以区分的困境，丰富了企业网络合作行为理论，具有创新性。

（二）揭示企业网络合作行为的演化机制

传统上学者对于企业网络合作行为的研究都局限于从静态或者单一视角的研究，本书运用网络演化博弈方法刻画合作行为动态过程，通过对合作行为的演化过程进行仿真模拟，进一步揭示其不同参与者动态性地进行合作博弈的具体行为选择过程，发现网络权力配置对合作行为的影响取决于企业在网络内的行为决策，从而开启不同权力配置模式下企业网络合作行为动态发展的"黑箱"，弥补了现有研究过于理论化或者静态片面性的不足，该观点具有创新性。

（三）基于企业网络实践提出合作行为的治理机制与对策

本书基于菜鸟网络进行单案例分析，从企业间的协调性和投机性视角对企业网络合作行为进行治理，并进一步依据合作行为的形成和演化过程构建与其不同行为相匹配的动态性治理机制，突破传统研究中从静态视角提出治理机制以及出现治理不足或过度治理的研究局限，有目的地促进行为合力的生成，构建企业网络合作行为的动态性治理机制与治理对策，为网络组织的健康运行提供方向性指导，具有创新性。

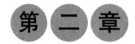

概念界定与理论基础

一、相关概念界定

对企业网络合作行为进行研究时，首先需要对其相关概念进行界定，尽管已有文献中也有类似概念的梳理和界定，但是鉴于这些概念在不同情境下具有不同的意义，而且学者们对这些概念还尚未形成一致性的认识，所以本节有必要对其相关概念的内涵和外延进行重新梳理并界定。

（一）企业网络的内涵与外延

随着全球化的冲击、市场竞争加剧与公司战略转移，促使企业与其他企业间形成持续的长期合作关系，企业间的组织形态逐渐从科层与市场二分法过渡到科层、网络与市场三分法。尤其是 21 世纪以后，组织社会学家、制度经济学家以及管理学家等学术界主流学者开始非常密集地使用"网络"的概念来描述和解释经济及社会发展中存在的现象及问题，如集群网络、网络组织、创新网络、平台网络等。但是大量与网络相关的研究成果并没有对网络的定义给予充分的解释。而且与企业网络相关的文献中出现了许多相似概念，如企业网络、组织网络、联盟网络、联盟组合、多边联盟、双边联盟等，都用以指代有组织的非正式的社会系统下的组织间协调，尚无明确的区分与界定，从理论角度而言，由于研究视角和情境的差异，不同类型的企业网络对应不同的分析单元，所以学者们的研究范围和研究内容存在差异，为了更全面把握企业网络的具体内涵，本书基于已有文献从多个角度、不同学科对企业网络的概念进行了界定，具体内容如表 2-1 所示。

表 2-1   企业网络的内涵

学科视角	理论基础	代表学者	主要观点	核心结论
经济学	交易成本理论	科斯（Coase，1937）	介于企业与市场之间的一种中间型组织	企业网络是企业通过协调、合作以降低交易费用的一种治理模式
		威廉姆森（Willianmson，1985）	降低交易费用的一种规制结构	
		梅纳德（Ménard，2004）	合作伙伴如何协调，以最大限度地降低成本，并创造价值	
管理学	资源依赖理论	吉野公佳和兰根（Yashino and Rangan，1996）	彼此依赖的企业合作化安排	企业网络是以组织间相互作用为基础、以获取资源为目的的集合体
		古拉蒂（Gulati，1998）	企业间交换资源、共享技术的组织安排	
		杜绍（Dussaug，2008）	企业间的联合业务行为	
社会学	社会网络理论	卡塞雷斯（Casseres，1994）	多个独立企业通过协议组合而成的集合体	
		福斯（Foss，1996）	企业间稳定的关系范式	
系统学	自组织理论	摩尔和哈特（Moore and Hart，1990）	多个利益共同体构成的相互支撑的组织系统	
		兰根和吉野公佳（Rangan and Yashing，1996）	活性节点构成，具有自我调节、沟通的复杂系统	
	复杂系统论	波多尔尼和蓓姬（Podolny and Page，1998）	不同企业间进行长期、重复交易的集合体	

资料来源：基于张慧敏（2018）整理所得。

从表 2-1 可知，从学科视角来看，主要集中于经济学、管理学、社会学以及系统科学等，而相关理论视角包括交易费用理论、资源依赖理论和社会网络理论以及协同论和制度理论等。但是对文献进行深入研读可发现，企业网络的概念界定主要集中于 2000 年前后，近 20 年来学者们已不再对其定义进行探讨，所以本书结合已有研究中不同学者的界定，认为学者们对企业网络的概念界定主要从两个逻辑线展开，一种观点认为企业网络作为治理方式，主要指企业为了获取资源并保持持续竞争优势而采取基于契约的治理形式，包括联盟或各种形式的网络组织等，是一种区别于传统市场和层级的中间型组织，不同类型合作行为构成了一种"协同经济活动的独特形式"，例如，威廉姆森（1991）和梅纳德（2004）所提出的混合组织治理结构都属于此类范畴；另一种观点认为企业网络以组织间相互作用为基础、以获取资源为目的的集合体，是将企业网络作为一种研究视角。而本书则遵循后一种观点将企业网络作为研究视角对其合作行为进行研究，而且本书所指的企业网络不是针对某一种特定形式的具体网络，而是指一般意义上的网络形式，具体表现为战略联盟、联盟网络、平台网络以及网络生态系统等多种形式的网络。此外，鉴于企业网络主要是通过以企业为节点，企业间关系为连接通道形成的网络，所以本书的研究层面主要将微观企业个体以及宏观网络整体两个层面相结合对其合作行为进行梳理。

（二）合作行为的概念与分类

1. 相关概念的辨析

早期关于合作行为的研究主要关注人际关系，集中于人际合作和组织内部合作层面，直到 20 世纪 90 年代，伴随组织形式的演变和管理模式的变革，有关合作行为的研究才渗透到组织之间，学者们的关注焦点才逐渐转移到企业间合作行为层面，自此学术界对合作行为的研究日渐丰富。本书通过对国内外相关文献进行检索与深入挖掘后发现，与合作行为（cooperation）相似的概念还包括协作行为（collaboration）和协调行为（coordination），这三个关键词在文献中受到广泛关注。然而，这些词语之间的区别仍然不够清楚，其中大部分国内学者统称其为合作行为，除了张康之（2006，2007，2013）等为数不多的几位学者对其有过辨析外，大多学者尚且没有对其区别进行深入挖掘，例如，张康之认为协调是配合得当、协调一致，合作是彼此相互配合的一种联合行动、方式，协作是集体行动中目标最为明确的、最广泛的，包括资源、技术、配合、信息方面的协作；而国外学者近几年以来已对其区别展开了的探讨，但还处于初级阶段，尚未形成系统且明晰的划分。

因此，本书进一步对合作行为的内涵进行深入分析，发现国内学者主要将企业间的协作或互动等行为统称为合作行为是一种互惠行为，其合作行为具有广泛的内涵，且与合作行为对应的为机会主义行为；而国外学者将不同的行为理解为不同的内涵，例如古拉蒂等（Gulati et al.，2012）以战略联盟为研究背景首次对这三个概念进行区分，认为协调行为是指有意、有序地协调或调整合作伙伴的行为，以实现共同的目标。其中合作行为更关注合作伙伴在目标、资源贡献和利益分享等方面的一致性水平，具有机会主义行为倾向，而协调视角则强调了合作伙伴设计实施和运作关系的具体方式，协作仅仅是联盟伙伴之间协调与合作的总和。同样，在此基础上克瑞奇米尔和范内斯（Kretschmer and Vanneste，2017）采用博弈论的观点重新对其进行了界定，认为协调是指行动的一致性，合作是指激励的一致性。此外，克瑞奇米尔和范内斯（2017）挑战了古拉蒂等（2012）的观点，即协作仅仅是协调与合作的总括术语；相反，他们认为，协作代表着没有"搭便车"，即以牺牲集体目标为代价追求私人目标。协调是指共同目标的共同确定，而合作是指这些目标的实现。协调行为是指潜在合作伙伴为在初始企业网络形成阶段就共同目标达成或重新达成协议，并可能起草正式协议而采取的准备、考虑和谈判行动（Ring and vande Ven，1994）。合作行为是指合作伙伴为实现共同设想的目标而采取的行动。例如，合作的结果就是达成一致的共同目标的程度。协作是指自愿帮助其他合作伙伴实现共同目标以及一个或多个私人目标。

综合国内外研究发现，许多学者一致认为企业网络主要基于信任与合作产生协同效应，成功的企业网络需要满足两个条件：协调各方生产资源的最佳组合，并降低机会主义行为的风险。所以本书基于古拉蒂等（2012）的逻辑，并结合国内学者对于合作行为的一致性认识，将具有机会主义行为等倾向的合作行为（cooperation behavior）和协调行为（coordination behavior）之和统称为本书所特指的合作行为。并认为企业网络内的合作行为是指两个及两个以上的企业为了实现共同目标，通过一系列互动行为形成一种有利于合作各方期望结果出现并避免机会主义行为的联合行动过程。本书中的合作行为特指不同企业通过合作逐步形成以自身为核心的企业网络所产生的一系列互动、联动的过程。

2. 合作行为的分类

本书从企业网络的视角对其合作行为的分类进行梳理，具体的分类视角与内容如表2-2所示。

从表2-2可知，学者们从不同视角对其合作行为进行分类，例如，有学者从联盟治理目标的视角提出管理者在联盟网络中所面临的两个基本目标：总收益最大化和机会主义威胁最小化，协调行为的目的是网络整体收益最大化，而机会主义行为的目的是个体收益最大化，两者之间存在明显的悖论。也有学者从网络内企业间资源、地位等对称性角度对其合作行为进行分

表 2 - 2   合作行为的分类视角与内容

视角	维度	内容	代表文献
资源非对称性	核心型行为（领导行为或帮助行为）	核心企业利用自己在网络内的关键角色，与网络成员互惠互利、共同创造价值并共享收益的行为	孙国强等，2019；王凤彬，2004；托马斯和麦加蒂（Thomas and McGarty，2009）；格拉斯卜尔根（Glasbergen，2010）等
资源非对称性	非核心型行为（追随行为或反抗行为）	追随企业因受限于核心企业的权力影响而不得不接受其任务上的指导，是一种非自愿的投靠行为或者不能忍受核心企业的权力影响而产生的非核心企业集体反抗核心企业的行为或追随企业将领导者视为战略伙伴与其共同进退的协同互动行为	孙国强等，2019；王凤彬，2004；托马斯和麦加蒂（Thomas and McGarty，2009）；格拉斯卜尔根（Glasbergen，2010）等
社群	社群内行为	知识共享行为、机会主义行为、互惠合作行为、行为传播行为等	党兴华（2016）等
社群	社群间行为	社群流动行为、跨社群连接行为	党兴华（2016）等
关系强度	横向合作行为	供应商之间或分销商之间的弱关系合作行为	柴国荣和李振超等（2011）等
关系强度	纵向合作行为	核心企业与其上下游企业间的强关系合作行为	柴国荣和李振超等（2011）等
合作动机	资源投入行为	资源互补合作行为	秦玮和徐飞（2014）等
合作动机	交流沟通行为	多渠道沟通合作行为	秦玮和徐飞（2014）等
合作动机	信息共享行为	分享信息行为	秦玮和徐飞（2014）等
资源导向	资源获取行为	企业与那些能够为企业带来资源供给的其他主体建立网络联系的行为	吕一博、程露和苏敬勤（2013）等
资源导向	资源拓展行为	企业与那些具有广泛网络联系的主体建立联系以增加未来资源供给的选择阈的行为	吕一博、程露和苏敬勤（2013）等
资源导向	资源控制行为	企业通过结构嵌入的方式成为网络的核心的行为	吕一博、程露和苏敬勤（2013）等
网络治理目标	协调行为（或称协调性合作行为）	将合作伙伴的贡献结合在一起的行为。这里隐含的假设是，即使在利益完全一致的情况下，合作伙伴仍然需要分工和有效协调，以完成他们的共同和个别任务	萨尔瓦托和鲁厄等（Salvato and Reuer et al.，2017）；梅勒怀特和霍特克等（Mellewigt and Hoetker et al.，2018）；古拉蒂（2012）；内斯和豪格兰（Ness and Haugland，2005）；汉森和霍斯金森（Hansen and Hoskisson，2008）；吴和王（Wu and Wang，2017）等
网络治理目标	合作行为（或称投机性合作行为）	为了维持表面的合作，包括合作伙伴之间的谎言、偷窃和欺骗行为，以及为了维持合作伙伴表面的承诺，包含敌意，以及尽量减少的逃避行为	萨尔瓦托和鲁厄等（Salvato and Reuer et al.，2017）；梅勒怀特和霍特克等（Mellewigt and Hoetker et al.，2018）；古拉蒂（2012）；内斯和豪格兰（Ness and Haugland，2005）；汉森和霍斯金森（Hansen and Hoskisson，2008）；吴和王（Wu and Wang，2017）等

资料来源：根据文献整理。

类，分为核心型行为（或称领导行为）和非核心型行为或称追随行为，也有学者称其为核心企业的帮助行为和非核心企业的反抗行为。其中，核心企业行为包括核心型行为、支配主宰行为以及坐收其利行为，核心型行为是指核心企业利用自己在网络内的关键角色，与网络成员互惠互利、共同创造价值并共享收益的行为；支配主宰行为是指核心企业通过纵向或横向一体化的方式，独自控制或负责网络内大部分价值创造的主体，并独享收益的行为；坐收其利行为是指不通过纵向一体化以控制网络中的业务，却通过自己所处的关键位置从网络中榨取太多的价值；非核心企业行为包括胁迫和共促，胁迫行为即追随企业因受限于核心企业的权力影响而不得不接受其任务上的指导，是一种非自愿的投靠行为或者不能忍受核心企业的权力影响而产生的非核心企业集体反抗核心企业的行为；共促行为指追随企业将领导者视为战略伙伴与其共同进退的协同互动行为。此外，也有学者从网络结构视角对其合作行为进行分类，分为规则网络下的合作行为、无标度网络下的合作行为以及小世界网络中的合作行为等。

总之，通过对其合作行为的相关概念和分类进行梳理，并结合本书对企业网络合作行为的形成、演化与治理进行研究，认为可以从两个视角对其进行分类。一方面，从网络治理的目标来看，企业参与网络的微观个体视角可以分为价值创造和价值获取，基于价值创造的行为结果主要表现为协调性合作行为和价值获取的行为结果主要表现为投机性合作行为，所以本书从抑制机会主义行为和维持合作伙伴承诺的角度以促进合作行为的逻辑出发，同时也为了避免读者对本书中合作行为概念的混淆，将协调视角和合作视角的行为分别称为投机性合作行为和协调性合作行为，综合称其为合作行为；另一方面，从企业网络的动态演化过程来看，网络内企业基于其角色和权力以及资源的非对称性可以分为核心企业和非核心企业，对合作行为可以分为核心型行为和非核心型行为。

（三）治理机制的内涵与外延

治理是为了促进不同社会身份的参与者合作而采取的控制行为（Cardinal, Sitkin and Long, 2004; Faems, Janssens and Madhok et al., 2008; Gulati, Wohl gezogen and Zhelyazkov, 2012; Choi and Contractor, 2016; Jarvenpaa and Välikangas, 2016），因此，治理机制用来协调和控制交易关系中参与者的行为。本书中企业网络内针对合作行为的治理机制主要是指如何进行

互动来减轻这些行为带来的风险以确保实现目标、协同效应和资源的有效利用。

在已有研究中针对治理机制的研究主要基于正式治理机制和非正式治理机制两种逻辑，正式治理机制主要涉及合同或契约，合同是指书面的、合法的和正式的协议，其中规定了每个合同方的权利、义务和责任，并明确规定了合同方之间的关系中允许和不允许的内容（Schepker et al.，2014）。基于交易成本经济学，合同在治理企业间或组织间关系中的作用经常被强调。交易成本经济学认为，合同可以增加机会主义的成本，减少机会主义风险和冲突，保护投资安全，控制交易风险，从而维持合同双方的合作（Weber and Mayer，2011）。契约治理被广泛认为是促进合作和减少机会主义的最有效治理机制之一（Poppo and Zenger，2002；Quanji et al.，2017）。通过对违约行为的制裁，合同长期被视为一种保障或控制机制。契约治理在组织间关系中的基本作用是控制契约各方的行为（Weber and Mayer，2011）。然而，合同的协调方面更侧重于合同双方愿意实现什么以及如何实现共同目标（Woolthuis et al.，2005）。

此外，非正式治理机制主要涉及关系治理理论，关系治理理论认为，整合合作伙伴的互补性资源是企业建立联盟的重要动机（Dyer，Singh and Hesterly，2018）。企业间的合作行为是解释联盟绩效影响的重要微观基础（Siedlok，Hibbert and Sillince，2015）。本书所指的非正式治理机制主要特指关系信任的治理机制。关系治理机制泛指加强信任和社会认同的机制（Dyer and Singh，1998）。例如，建立团队、工作组和委员会；通过旅行、会议，甚至管理人员的调动直接进行管理接触、共享决策机制以及依赖双向沟通和联合解决问题的正式冲突解决系统（Kale，Singh and Perlmutter，2000）。关系治理机制通过伙伴组织中个人的相互作用来加强信任和社会认同的建立（Dyer and Singh，1998）。典型的例子是定期召开会议或成立委员会，这两个委员会都是基于合作组织中特定人员的互动以及他们之间随着时间的推移建立良好的个人关系（Hoetker and Mellewigt，2009）。这些基于社会的控制和协调手段鼓励开放的交流和信息共享（Poppo and Zenger，2002；Hoetker and Mellewigt，2009），这反过来又增加了对网络合作的承诺（Lee and Cavusgil，2006）。

二、理论基础

（一）交易成本理论

交易成本理论也被称为交易费用理论，源于著名经济学家科斯于1937年发表的论文《论企业的性质》。科斯认为，交易成本主要是指人们在市场上进行交易时产生的费用，从降低交易成本的角度看，企业的存在能够有效降低交易成本，按照这样的逻辑，企业的边界取决于企业存在时节约的交易成本与因企业的存在而引起的组织和管理费用之间的比较，如果交易成本相对较低则在企业内进行，否则就在市场上进行交易。其研究逻辑主要是基于降低交易费用的目标，以交易为分析单位，通过对影响交易成本的不同因素进行分析，并针对不同的交易制定相应的协调机制，其中蕴含了治理的逻辑，所以后续也有研究者将其称为治理经济学或组织经济学。

后来威廉姆森（1975，1985）在科斯的基础上对其进一步进行了完善和补充，探讨了影响交易成本理论的三个因素，分别为资产专用性、交易不确定性和交易频率，认为在交易活动中存在三种与该交易活动相匹配的制度安排，分别为市场、企业和介于市场与企业间的中间型组织，这引起学术界的高度关注，使交易成本理论得到快速的发展。后续直到琼斯（1997）在交易成本经济学的基础上，把治理模式看作交易机制（Hesterly，Liebeskind and Zenger，1990），在交易成本经济学视角下决定了哪种治理模式更有效，确定了导致网络治理的不确定性和资产专用性的特殊形式；并进一步将任务复杂性（Powell，1990；Powell、Koput and Smith，1996）引入到治理形式的解释中来扩展交易成本经济学。

基于此，企业网络作为中间型网络组织的抽象化表达，作为信息流通渠道能够促进信息的沟通，为网络效应的产生提供了支撑，而且有效避免了企业间因信息不对称、交易不确定性而产生的道德风险，所以交易成本理论作为管理学和经济学中重要的理论基础为企业网络的发展提供了坚强的后盾。但除此以外，网络内的机会主义威胁也可能会影响网络效应或网络组织目标的实现（Huang et al.，2014；Xie et al.，2016）。因此，交易成本理论作为企业网络研究领域内的基础理论，可以在一定程度上对其网络行为进行解释，但是交易成本理论作为一种基于结果的静态分析，在分析网络内合作行为的动态变化时存在一些局限性，即单从交易成本理论的视角解释时还不足以其网络行为进行有效的诠释，需要结合其他相关理论才能更有效、更完整。本书基于此理论以及已有研究，主要从任务复杂性、不确定性以及资产专用性几个方面对合作行为进行诠释。

（二）社会交换理论

社会交换理论主要是指从经济学的投入与产出视角对社会行为进行研究的社会学理论，该理论源于 20 世纪 60 年代以霍曼斯和布劳为代表的美国学者，但是基于对人们心理因素的关注也被称为行为心理学理论，该理论认为人类的一切行为都是由于受到某种能够带来奖励和报酬的交换活动的支配，即人们之间存在某种交换。同理，在经济和管理研究中，企业间也存在这种交换关系，所以社会交换理论也可以被用来解释组织内和组织间的现象，尤其在企业网络内，不同企业间通过交换关系形成网络，进一步激发网络效应的产生，所以研究者认为虽然经济模型挑战了企业网络的性质，但是毫无疑问的是社会交换理论可能为企业网络行为的研究提供一个有用的理论视角。

社会交换理论表明，组织情境对理解企业网络合作行为具有重要的意义，主要表现在以下两个方面：首先，组织间信任对于社会交换理论具有重要的作用，尽管不同研究者从不同的逻辑视角对信任进行了探讨，用以解决不同情境下的组织问题，但与组织间信任相一致的是，这种信任被认为是一种精神状态，是一个参与者对另一个合作者的期望，同时另一方将以双方都认可和接受的方式进行合作，尤其是在企业网络中组织间信任会促进网络内合作行为的产生，甚至在网络合作行为的演化过程中组织间信任会优化网络环境，进一步提高网络内成员的合作效率；其次，企业间的相互依赖性也会促进合作行为的产生，是影响其网络运行的关键因素之一，但是社会交换理论的发展是建立在爱默生（1962）提出的"权力依赖"模型的基础上，资源依赖理论认为企业间的相互依赖会诱发权力的产生，权力的不平衡会影响网络的正常运行，而减少企业间权力不平衡的方法之一就是通过企业间交换，所以社会交换理论在一定程度上对网络合作行为具有重要的意义。本书基于已有研究和社会交换理论，从组织间信任、网络权力以及资源依赖等几个因素对合作行为的形成和发展进行进一步的研究，旨在为社会交换理论的发展提供实证性参考。

（三）制度理论

制度理论可以追溯至 1977 年，霍尔和泰勒（1996）提出了三种基本思想流派：理性选择制度主义、历史（比较）制度主义和组织（社会学）制度主义。本书所指的制度理论主要属于组织制度主义流派，其中代表任务包括迈尔和罗文（Meyer and Rowan，1977、1983），萨克（Zucker，1977），迪马乔和鲍威尔（DiMaggio and Powell，1983），托尔伯特和萨克（Tolbert and Zucker，1983）以及梅耶和斯科特（1983）。制度思想学派认为，合作行为失调不仅可以通过正式和明确的规则来避免，而且可以通过从广泛的社会机构（Dimagio，1997）或更多的行业、专业或组织特定的机构派生的非正式规范和隐含假设来避免（Bechky，2003；Cooper et al.，2000；Tilcsik，2010）。制度理论的核心观点是要理解个人和组织行为，就必须将其置于社会和制度环境中，这种制度环境既规范了行为，又为代理和变革提供了机会（Greenwood and Oliver，2017）。

制度一般指大家共同遵守的办事规程或行动准则，也指在一定历史条件下形成的法令、礼俗等规范或一定的规格。诺斯（1990）认为制度就像一个游戏规则，是专门针对人们之间的相互关系而制定的约束规则，主要分为正式规则、非正式规则以及针对这些规则的执行机制，其中正式规则又称为正式制度，是指国家和政府部门按照一定的程序和目的制定一系列的契约和法律规范等法律规范，以及由这些法律规范组成的等级结构，包括宪法、普通法以及更细致和明确的具体规则和契约等，他们共同作用以约束人类的行为；非正式规则是指人类在长期实践中形成的、不受个人控制且具有持久生命力的潜在规则，包括价值信念、伦理规范、道德观念、风俗习惯及意识形态等因素；执行机制是为了确保上述规则得以执行的相关制度安排，它是制度安排中最关键的一环。这三部分共同构成了完整的制度。在组织寻求合法性的过程中，与其他组织结成各种网络关系有助于组织对 3 种约束机制的发挥。企业网络关系中的信息交流、知识扩散，促进了组织间的相互学习及效仿。与领域中重要成员的关系可以使组织更加接近强制权力的中心，或者领域中若干组织可以有效联系起来，通过协调及合作形成强制力量，这对制度变革以及各类创新尤其有效。

(四) 网络演化博弈论

网络演化博弈论是对经典博弈理论的发展和延续，经典博弈理论也称对策论，是运筹学的一个重要分支，产生于 1928 年，约翰·冯·诺依曼证明了博弈论的基本原理，从而宣告了博弈论的正式诞生，1944 年由冯·诺依曼和摩根斯坦合著《博弈论与经济行为》为博弈论的研究奠定了理论框架。经典博弈理论通常假设参与者为完全理性的，而且参与者拥有决策所需要的所有信息，并在这个假设的前提下纳什提出了纳什均衡的概念，至此许多经典的博弈问题获得了纳什均衡解 (Nash，1950)。但是在现实的经济和生活中，参与者是不可能具备完全理性和完全信息这两个条件的，而且许多研究者都表明参与者的行为是有限理性的，经济社会环境与博弈问题本身的复杂性导致决策信息不完全，所以想要达到均衡状态必须经历不断的试错过程，这就推动了经典博弈理论向演化博弈理论的发展，所以演化博弈理论主要研究有限理性的个体如何随着时间的推移在不断地重复博弈过程中去实现收益最大化，相较于经典博弈理论而言是一个动态的均衡分析过程。之后不同的学者们都在演化博弈的框架下对合作行为进行探讨，并形成了非常丰富的研究成果。

然而，虽然研究者从不同的角度运用演化博弈理论对现实世界进行了解释，但是毕竟现实社会人与人或组织与组织之间存在无法跨越的现实距离，因为个体间的接触有限，直到 1992 年诺瓦克等发于 1992 年 10 月 29 日的《自然》(Nature) 杂志上，题为《进化博弈与空间混沌》(Evolutionary games and spatial chaos) 的文章中提出网络演化博弈的理论模型，发现空间结构不仅可以提高合作频率而且在某些条件下可以产生丰富的空间斑图，并认为空间网络结构更能描述现实生活中个体之间的交互并提供了完整的理论框架。在网络结构上的演化博弈中包括 3 个要素：所采取的博弈模型、策略更新规则、网络拓扑结构。在网络演化博弈中假定网络上的每一个节点代表一个博弈个体，每一个个体都与周围的邻居进行博弈，由于此策略具有可重复性，所以每个个体都会根据周围的邻居所获得的收益而改变自身的策略，并不断迭代。后来由于复杂网络理论的兴起把网络演化博弈的研究推到了新的高潮，也成为近年来国内外研究的热点。本书认为网络演化博弈理论能够更好地解释在企业网络合作行为演化中不同权力配置下行为的变化。

三、小结

本章首先对企业网络、合作行为以及治理机制三个核心概念进行梳理，并结合本书的研究背景与研究对象对其进行界定；其次，对书中涉及的相关理论进行梳理，包括交易成本理论中的交易不确定性以及资产专用性，社会交换理论中的组织间信任以及网络权力、资源依赖，制度理论中的合法性等都对影响其合作行为具有重要的意义，而且鉴于企业网络内成员间在价值获取方面是竞争性的，所以在不断发展的过程中不同个体间会进行网络合作博弈。综上所述，本章通过对相关概念以及理论基础进行梳理为企业网络合作行为的研究提供了良好的理论基础。

企业网络合作行为的逻辑
解构与研究框架

企业网络的研究在学术界已形成较为丰富的研究成果，在企业网络合作行为的研究中容纳了大量的信息，既包括宏、微观视角，也有因果等多方面的内容，所以无论从哪一个单独的视角对其进行研究都不足以对其合作行为进行深入和全面的剖析。本章基于企业网络合作行为的研究主题，结合企业间合作的发展过程以及不同研究维度对其进行剖析、解构，通过已有文献对其进行整合梳理以构建研究框架。

一、企业网络合作行为的逻辑解构

首先，企业网络作为一个复杂而有趣的系统，以合作行为为切入点对其进行研究需要从不同层次进行理解，而且根据系统组成部分恰当地解释系统行为，要比仅仅停留在系统水平的解释更具有稳定性与概括性和解释力（Coleman，1990）。尽管战略管理中对合作的微观研究越来越受到关注，但在不同层次的分析中，仅致力于获取合作优势来源的努力有限。尤其是，企业网络文献倾向于关注合作伙伴公司或网络层面的结构和正式机制，而很少关注合作优势可能发展的微观层面。然而，企业间关系及合作行为是企业网络发展中一个重要的关键因素，并最终决定了网络绩效。

其次，在企业间合作关系中，以分配维度为代表的个体利益的竞争行为和以综合维度为代表的协调行为之间存在一种张力（Lax and Sebenius，1986），其面临的挑战在于如何平衡这两个问题。因此，要建立一种对双方都有利的关系，行动者不能只关注其行为的结果（Corfman and Lehmann，

1993），还需要对不同行为产生的深层次原因进行剖析。这就解释了竞争企业为何不简单地模仿其行为，还需要关注其行为产生的原因，进一步通过对其行为产生的深层原因去消除竞争对手可能通过合作行为获得的竞争优势。

最后，与许多现存的管理研究一样，企业网络研究经常被认为是静态的，但由于该领域中包含更多对动态研究的呼吁，我们开始看到从横截面到纵向的网络研究的转变（Ahuja，Soda and Zaheer，2008；Parkhe et al.，2006）。虽然对于任何类型的研究来说收集纵向数据都具有挑战性，但纵向研究对于深化我们对网络行为的起源、演化和治理的理论（Ahuja et al.，2009）都具有重要的意义，而且横截面研究无法提供解决网络行为研究基础上许多假设的关键答案，其中最突出的一个就是行为的动态演化问题。

本书利用企业网络这一管理研究中被广泛关注的企业间合作形式，作为一个特别适合的背景来揭示跨层次、多维度的合作行为研究。因此，本书以企业网络为研究对象，从节点企业和网络整体两个层面沿着3条线路对合作行为展开剖析，并从不同维度对企业网络合作行为的研究进行逻辑解构，进一步将企业网络合作行为分为因果维度、时间维度和跨层次3个维度进行深入剖析。

（一）跨层次分析

组织作为一个多层次的系统，其对应的理论为多层次理论，该理论认为微观的现象渗透在宏观的现象中，而宏观的现象是由微观元素通过交互作用形成的。多层面理论既能在多个层面上进行评价，也能关注自上而下和自下而上的过程，只有这样才能建立更具科学性和应用性的组织科学（于海波，2004）。而且在自然或社会系统的研究中也经常会出现跨越两个或多个层次的研究情形，所以企业网络是一个多层次的且各构成要素间相互关联的系统（Goodman，2000；于海峰等，2004），同时，企业作为一个社会科学研究中独立的分析单元、经济体，绝不可能孤立地存在，而必须要与其他组织或要素发生联系。因而无论是忽略企业间关系或企业网络整体，仅从企业个体视角出发对其行为做出推论，还是仅从宏观网络整体进行考察而不去深入挖掘其系统内部的构成要素以及要素间的相互关系，都无法对其合作行为进行全面而深入的研究。

现阶段管理学中还没有一个完整的企业网络理论。从网络的角度来看，它主要是单一层次的；然而，组织是多层次的关系系统（Hitt et al.，2007；

Rousseau，1985），因此，组织的网络理论在其范围内也应该是多层次的。尽管合作现象和研究问题在不同学科间具有明显的相似性，但合作是通过不同的、经常比较的假设、定义、理论和分析水平、方法论和调查因果关系来解决的。例如，在管理学和社会学领域，合作主要是在集体层面进行的，通过调查跨公司的战略联盟（Gulati et al.，2012）、涉及大型项目的研发协议以及不同群体之间的合作倡议来解决。在组织理论中，通过努力获取团队的组织前因、动力和绩效结果，重点放在团队和工作组的层面上（Cronin，Weingart and Todorova，2011；Skilton and Dooley，2010）。反过来，在行为经济学和心理学对公平、内疚、互惠和二元关系的研究中，个体层面的微观合作基础大大提高了网络整体的合作效率。

从 20 世纪 80 年代初开始，以卢梭为代表的学者们把多层面观点整合到组织理论中，并认为不同层面上的组织都有其对应的前因和后果，这种多层次的组织理论观点代表了一种从单层次视角分析组织到将组织视为复杂和相互关联的社会系统的转变（Katz and Kahn，1978），也为跨层次的理论化提供了可能。跨层次理论是指规定不同层次变量之间关系的模型（Rousseau，1985）。从跨层次理论视角来看，其前提假设是个人的社会关系会影响组织的行为和绩效（Uzzi，1996，1997），但是其缺点在于没有对研究层次进行明确地区分，导致有的研究者认为组织嵌入属于人际关系范畴（Uzzi and Lancaster，2003），而有的研究者认为组织嵌入属于联盟网络的范畴（Gnyawali and Madhavan，2001），虽然两个分析层面都存在信息和知识转移的问题，但是它们可能会涉及不同的研究机制。

因此，本书认为研究者对研究对象的层次进行区分是非常重要的，这样可以对多层次现象进行更充分的理解与诠释，而且对多层次现象的清晰认识能够更有助于对不同层次间的联系进行深入分析，但是研究者大多忽视研究层次的重要性。直到 2000 年以来，组织和战略管理等领域对宏观解释受到极大的重视，而且宏观事实需要解包，需要进一步揭示其宏观因素是如何由微观因素及其相互作用产生的。此外，企业网络作为一种介于市场和企业间的中间组织，包括许多的节点和节点间联系以及网络整体等多个层面的行为主体，而且调研数据主要来源于单个企业，相关理论主要集中于宏观层面的组织环境，包括资源依赖理论以及制度理论等，因此，对于企业网络合作行为进行研究时需要明晰不同的层次并结合其研究层次进行治理。本书结合企业网络的相关研究主要从微观个体和宏观网络整体两个层面进行解构。

1. 微观个体层面的分析

企业网络作为一个由活性节点的网络连接构成的有机组织系统（林润辉、李维安，2000），需通过不同企业间合作与协调才能实现其组织的目标。微观层面研究的核心动力是剖析集体构念，了解个体层面的因素如何影响组织，个体之间的互动如何导致个体、群体和组织层面的行为和绩效，以及宏观变量之间的关系如何通过微观行动和互动进行调节（Abell，Felin and Foss，2008）。微观个体的概念可以追溯到社会科学中微观和宏观学科之间的历史矛盾。微观与宏观之间的辩论又可以追溯到 20 世纪早期德国历史主义学派与奥地利经济学派之间的辩论（Caldwell，2004），包括微观和宏观层面之间的关系是什么？在解释一些宏观层面的现象时，是否总是需要借助微观层面的解释机制？将聚合结构作为解释的一部分是合法的，还是仅存在于解释结构的解释中？宏观解释一方面强调历史、文化和结构在解释经济结果中的作用，另一方面微观解释则侧重于个体行为和相互作用。但是，这些研究者一致性地认为要解释任何宏观现象，至少需要参考或解释个人的行为和相互作用。换言之，理想的社会解释检验了宏观结构的因果效应，即个体行为和相互作用的起源（Coleman，1990）。

科尔曼（1990）在其关于理性选择社会学的权威论文中指出了微观个体对社会科学至关重要的其他原因。他认为，宏观层面的解释（即用其他宏观现象来解释宏观现象）不能区分宏观层面行为的许多潜在的替代解释，因为存在一个根本问题即不易观察的、较低层次的因素和机制。由于微层面机制通常是宏观现象的最直接原因，因此在微层面研究和干预可能是最有意义的，这也是正确识别微观个体的另一个原因。另一个更具争议性的原因是，科尔曼提出的支持微观个体解释的理由是，涉及微观层面的解释比宏观层面的解释更稳定、更基本、更普遍。

微观个体即使是作为一个层次的论点，也可以看出与当前有影响力的多层次研究和建模有一些相似之处，但也存在一些不同（Aguinis，Boyd and Pierce，2011；Mathieu and Chen，2011）。首先，在理论上，多层次方法在很大程度上是不可知论的，无论是关于哪一层次的分析（先验的）在分析中可能具有最重要的影响，这表明给予某一层次任何优先权都是一个经验问题。从微观个体的角度出发，假设与更微观个体相关的分析和理论化确实能够产生重要的见解，并发展先验理论推理来证明关注微观的必要性。因此，即使是微观个体的微弱支持者也不会满足于仅关注宏观因素的解释（Abell et al.，2014）。假设是，通过协调更高层次结果的低层次起源（或对更高层次结果的影响），总会获得一些见解。此外，无论是自上而下还是自下而上，多层次方法通常对因果箭头的潜在方向性不可知（Kozlowski and Klein，2000）。事实上，早期的方差分解研究提供了一个多层次研究的例子，该研究是理论独立的或中性的，并且只是一个研究，看哪一层次的分析对绩效最重要（例如行业、公司、企业和领导层）。

微观个体研究认为，一方面宏观层面的集体结构可以被解包，以便于对其构成要素进行充分阐释，当然，只需要识别其中对于行为结果比较重要的因素，而且还需要对这些要素的结果、过程以及不同要素之间的相互关系进行探索；另一方面，它需要对宏观层面变量以及结果是如何因个体及其相互作用而产生、出现和变化的进行深入挖掘。因此，微观基础可以看作是宏观管理的重要研究启发式方法。例如，李普曼和鲁梅尔特（2003）强调了如何理解价值创造和分配需要仔细关注哪些利益相关者和参与者产生价值，并可以就任何潜在的剩余价值提出索赔和谈判。这一文献提出了关于价值创造、分配和绩效是否可以而且应该在个人或集体层面上进行研究的基本问题。

此外，考虑到合作行为的微观驱动因素，对合作行为的解释可能比仅在宏观层面的分析更有解释力（Coleman，1990）；根据科尔曼（1990）对组织能力发展的概念，除企业个体的其他特征外，组织前因影响了合作行为的形成。反过来，个体间合作行为会聚集到组织层面，并决定了企业网络整体的行为结果。所以本书中的企业作为网络合作节点，不同企业处于复杂的网络关系中，对企业网络合作行为进行研究时首先需要对企业间二元关系进行梳理，剖析其产生的原因。当然，对微观基础的呼吁并不意味着集体结构和宏观变量没有解释的能力（Little，1991），还需要结合宏观层面对其进行诠释。

2. 宏观网络层面的分析

企业网络合作行为的相关文献中，大多数研究集中于对微观个体的企业以及企业间关系进行研究，但是相对而言对网络整体进行分析的文献还较少，但是只有通过检验整体网络，才能理解诸如网络如何演化、如何治理，以及最终如何产生集体性行为等问题（Provan，2007）。所以对企业网络合作行为进行研究时，从网络整体层面对其合作行为的发展过程进行分析也是其不可缺少的一部分。最近，众多学者开始关注整体网。在这一层面上，学者们主要研究整个组织间网络的特征和行为，例如其中心性或其小世界，并在整体网层面上产出结果。然而，也有研究开始调查整体网对单个公司结果的影响。例如，格林等（2008）强调了整体网资产为各个公司的个体网地位和创新创造之间的关系创造的偶然效应。

　　本书对企业网络合作行为进行跨层研究时，借鉴科尔曼（1990）"浴缸模型"，将研究分为 3 个内容，分别为情景机制、行为形成机制、转型机制。如图 3 - 1 所示。

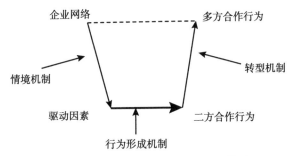

图 3 - 1　企业网络合作行为的浴缸模型

　　首先，"情境机制"（从宏观到微观）是解释宏观力量（如企业层面或社会层面）对更多微观层面现象（如个人或个人间/群体层面）影响的机制。本书中可以被解释为网络层面因素对企业个体间合作行为的影响机制；其次，"行为形成机制"（从微观到微观）是一种仅在微观层面运作的机制，将个体认知和动机与行为联系起来。在这里，建议直接研究个体间合作行为的诱因如何影响网络内不同类型的合作行为；最后，"转换机制"（微观到宏观）描述了微观因素如何影响宏观水平。在这里，可以解释为企业间合作行为（宏观层面）是如何从个体间和群体间行为（微观层面）中产生的。例如，不同类型的个体合作动机，以及相关的合作行为（由行为经济学提出），可能"凝结"成联盟层面不同类型的多方合作行为（由组织理论和战略管理提出）。

（二）因果维度分析

　　因果关系的复杂性一直被认为是组织现象背后的普遍特征，而且在战略以及组织的相关文献中，反映因果关系的成果相当丰富。如研究组织结构与战略决策之间的关系，研究竞争环境与组织绩效之间的关系，此外，与组织设计相关的研究也主要是因果关系研究。研究因果关系的主要方法是类型学。多蒂和格利克（1994）指出，类型学可以用来研究情景、结构以及战略因素的复杂相关关系，借此来预测产出的变化。因此，类型学是战略管理以及组织领域研究的中流砥柱。像迈尔斯和斯诺（1978）、明茨伯格（1979）等都提出了与战略管理相关的一些类型。准确理解因果关系对于战略管理与组织理论都是非常关键的一件事情（Durand and Vaara，2009）。战略是否可行，依赖于管理者对可控变量（如战略、组织结构）与不可控变量（如行业特质）之间因果关系的掌握程度（Galbraith and Schendel，1983），进一步地，在分析这些因果关系时，研究者也得考虑竞争对手的战略、竞争的维度以及决策者自身企业的情况及其内部流程等（Porac and Thomas，1990）。正是由于因果关系的重要性，学者们更不能满足于对与经验相关的现象进行描述和总结，还要解释其相关的形成机制，而且随着科学技术的不断发展，学者对因果机制的解释也会随之深入，因为机制解释就是理论解释（彭玉生，2011）。

作为分析复杂因果关系的主要分析工具，类型学有可能会误导研究者。例如，认知领域的研究表明，当因果关系的本质并不清楚的时候，因果推论的结果可能就是错误的（Nadkarni and Narayanan，2007）。有两个认知机制与上述内容有关：（1）当处理复杂相关性时，研究者会面临"信息超载"，此时类型学会简化信息，满足认知的需要；（2）当决策者处于信息不完备的情况时，往往会无意识地去填补这些信息漏洞，在此基础上再做决策。用类型学分析时很有可能用到这两个认知机制，从而导致对因果关系理解的偏差。而且，一旦建立了这样的因果推论方式，就很难摒弃，并助长这种认知惯性，从而阻止了决策者获得新知识以及探索其他途径的可能性。

所以，虽然整体视角对网络合作行为进行分析是构型理论的一大优势，但同时它也阻止了对因果关系的进一步探究，从而无法获得原因导致结果的内在机制到底是什么？（即类型学的任务是找到类型，而并不关心类型作用于结果的机制）。然而，一个好的理论应该去探究构型的组成部分是否都是同等必要，或同等重要的（即要探究内部机制）。而且行为作为企业间合作关系的表象，对其合作行为进行研究时需要深入剖析其背后的因果关系，首先从目标导引、资源互补、组织特性以及网络权力配置等几个方面对企业网络合作行为产生的影响因素进行识别，探究企业网络不同类型合作行为的驱动机理，进一步为其动态研究提供基础。

（三）时间维度分析

对企业网络合作行为的已有研究而言，诸多学者从静态的视角对其进行分析，但是从动态视角对其进行分析很重要，因为它可以让我们更加深入地了解是什么原因推动了企业网络合作行为的产生和发展演化。此外，针对同一问题进行研究时，许多研究者产生了不一致的研究结论，但是如果加入时间维度的话可以通过动态的视角对这些不一致的结论进行合理的解释。而且时间的价值不仅在于其考察了组织和管理的特定现象或行为，更重要的是，它为组织管理的理论与实践提供了一套全新的理论视角和管理策略（岑杰，2017）。例如在企业网络的研究中，现有研究大多聚焦于对其结构与绩效进行研究，但是这些观点与内容是静态的，进一步深入对其探讨需要纳入动态视角，通过动态性地对企业网络的相关现象进行深入挖掘以发现新的问题、新的探索模式。

基于此，本书从时间维度上对企业网络合作行为进行动态性研究，从网络整体视角依据其不同网络成员在网络内承担的角色分为核心企业行为和非核心企业行为，其中核心型行为、支配主宰型行为以及坐收其利型行为为核心企业行为；非核心企业行为包括胁迫行为以及共促行为和疏离行为，并在不同网络权力配置模式下对不同类型的合作行为进行动态分析，对企业网络合作行为发展演化的整个过程对其背后的"黑箱"进行充分的揭示，并进一步揭示企业网络内不同类型合作行为演化的内在规律。

综上所述，本书对企业网络合作行为进行解构、剖析，分别从研究层次、因果维度以及时间维度几个视角对其分别进行深入解构。首先，借鉴科尔曼（1990）的浴缸模型将企业网络合作行为分为微观企业个体和网络整体两个层面，在微观个体层面从因果视角对其合作行为形成的驱动因素进行分析时主要从企业个体视角对不同企业的二元合作行为进行研究，并探索其生成机理；其次，在网络整体层面加入时间维度综合不同企业在网络内承担的角色任务以及企业间基于网络整体的价值创造与个体维度的价值获取过程进行动态演化分析；最后，从合作行为产生和产生后的整个动态过程进行治理研究，并探索其治理机制，进一步提出相应的治理对策，为商业模式创新与治理提供参考。

依此，由面及点，实现由宏观结构向微观行为的转变，深入到节点企业对合作满意程度、未来合作意向及节点运行结果的影响，为企业网络合作行为的有效治理提供方向。企业网络合作行为的逻辑解构框架如图 3 - 2 所示。

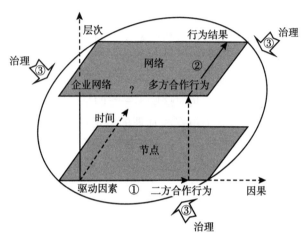

图 3 - 2　企业网络合作行为的研究逻辑解构

注：图中①对应第一条线路：企业节点层面二元合作行为的驱动机理分析；②对应第二条线路：企业网络整体层面多方合作行为演化分析；③对应企业网络合作行为的治理研究。此外，图中"?"所在的虚线为本书研究的核心内容，即企业网络合作行为研究，鉴于其难以进行直接研究，所以转为对企业节点进行探索。

二、企业网络合作行为的研究框架

（一）研究内容设计

尽管人们对企业网络合作行为与其结构要素的相互作用的了解非常有限，但仍有许多机会来研究企业网络的微观动态，更好地了解这些选择对组织间合作行为的影响。企业面临的挑战是如何详细设计企业网络，以确保其组织间的有效合作，进一步弥合理论和实践之间的鸿沟。本书基于企业网络合作行为的研究逻辑从不同维度进行解构，并结合已有研究成果，针对企业网络合作行为梳理出以下几个研究问题：（1）企业为什么要参与网络合作，并产生合作行为？（2）随着时间的推移，网络内的参与者行为是如何演变的（企业网络的全生命周期）？（3）管理者如何对企业网络内的合作行为进行有效治理？

基于此，本书结合网络整体和合作节点个体两个层面试图从以下三个方面对企业网络合作行为进行探讨：第一，企业网络合作行为形成的动因；第二，企业网络在演化过程中不同行为是如何变化的；第三，对菜鸟网络进行单案例纵向研究，并基于其合作行为的产生与演化对不同阶段、不同行为主体构建相应的治理机制，提出其引导与治理对策。

1. 企业网络合作行为的形成机理

通过跨层次对企业网络合作行为进行解构，本书认为无论从微观个体或者宏观整体对企业网络合作行为形成的原因进行理解都是不完整的。类型学的视角认为要素之间存在着复杂的、协同的相关关系，然而类型学是从整体视角和理想框架（即人为提出来的一个构型、总体、概念）来分析问题的（Doty and Glick，1994）。这一整体视角并不是没有问题，如多蒂和格利克在分析类型理论所面临的挑战时就指出，随着维度数量的增加，越来越难保证只与被解释变量相关的那些变量被包括在类型中（即类型中可能会包含一些与被解释变量无关的一些变量）。同样，斯科特（1981）也指出，类型中如果包括那些与结果不相关的变量，那就可能无法得到正确的因果关系。总之，凭直觉而进行的类型学简化会掩盖很多重要的复杂性，从而所得结果就会具有一定的欺骗性。而且类型学作为因果关系的主要分析工具，但在分析构型的因果关系特征时，解释力依然不够，即依然无法很好地去解释到底是构型的哪方面（或哪个要素）导致了合作行为的产生（Fiss，2007、2009）。

所以本书根据文献分析与样本预调查结果来厘定网络合作节点行为的影响因素（Rinaldi and Cavicchi，2016），发现这些因素既有宏观网络层面的因素，又包括微观个体层面的因素，而且正是由各种复杂因素的共同作用才最终决定了企业网络合作行为的产生，因此从不同层面对网络合作行为影响因素的识别就成为本书研究的前提与基础。基于此，为了对其不同维度合作行为的形成机理进行深入研究，需对不同行业企业的合作行为进行调研与访谈，进一步结合问卷的方式对不同因素进行量化分析，并通过定性比较分析的方法对其协调性行为和投机性行为形成的不同因素分别进行探讨，对节点行为不断加强并最终支配整个网络运作的多重层次原因进行探索，进而分析企业间合作行为产生的不同影响因素之间的联动效应以及变量间的替代关系进行实证分析，为企业网络理论的完善提供解释。

2. 企业网络合作行为的演化机制

鉴于企业网络合作行为并非静态的，而是处于不断的变化和发展中，所以仅从静态视角对其合作行为的形成进行探索不足以对网络内合作行为进行充分的诠释，需要结合动态过程中合作行为的变化才能更有效的对其进行治理。从现有文献来看，学术界对企业网络合作行为的演化存在两种不同的观点，一种是阶段演化观，一种是状态演化观，其中阶段演化观认为企业网络合作行为的演化是一个阶段性的过程，表现为相互继起的一个个连续的渐进阶段，其本质是一个基于企业网络成员间不断增强的资源承诺和相互依赖而演化的过程，通常用案例研究的方法；状态观认为企业网络的演化过程是由多个非连续、离散的状态组成，而不是一个渐进的过程，通常用模拟仿真的方法。

通过对已有文献进行梳理发现，大多数研究者将网络权力配置模式分为集权式网络配置和分权式网络配置形成了较为一致的认识，而不同的权力配置模式会影响网络内成员的合作行为，所以本书首先通过明晰网络合作环境下各节点的内在行为方式以及相互联系、相互作用的运行规则和原理；其次在不同网络权力配置模式的基础上通过动态演化博弈与模拟仿真相结合的方法对企业网络合作行为的过程进行动态模拟仿真，拟形成不同演化路径并最终制定合理引导行为的具体对策与政策建议。

3. 企业网络合作行为的治理研究

企业基于自身在网络参与中角色的不同会表现出不同的行为，包括协调性合作行为和投机性合作行为，而这些行为不仅会直接影响到其商业网络的整体性，也决定着企业自身的绩效，而且企业只有立足于创造、利用或者重塑一个健康的网络时，才可能带来强劲而持久的网络效应。鉴于不同因素的联合会产生不同类型的合作行为，而且其合作行为会随着时间发生变化，所以对企业网络合作行为进行治理时，需要针对不同的合作行为提出相应的治理机制。

例如，投机性行为可能更多需要关系/信任等非正式治理机制来解决，因为在这方面，合作规范和义务在协调交流进程方面发挥着重要作用（Bradach and Eccles，1989）。参与者应该遵循一定的行为模式（Rousseau，1995），表现在一套基于合作伙伴之间信任的共同规范中。关系规范代表着"正确的行动原则，对一个群体的成员具有约束力，并指导、控制或规范适当和可接受的行为"（Macneil，1980），重要的关系规范是维护关系冲突的相互关系、相互作用、灵活性、作用和协调；而协调行为更多需要正式治理机制来处理，企业网络成员活动的协调对于实现联盟的集体目标也至关重要

（Loasby，Foss and Knudsen，1996）。协调涉及资源的汇集、合作伙伴之间的分工以及随后分散活动的整合，所有这些都对在联盟中创造价值至关重要（Mitchell et al.，2002）。完成这种协调需要在不同和相互依存的任务单位之间建立适当的联系（Adler，1995）。这项任务因每个公司的结构和经验的不同而变得复杂，并且每个公司的个人可能不理解他们的行为和他人行为的相互依赖性。信息需要在每个合伙人公司的适当人员之间流动，最初可能不清楚这些人员是谁（Hoetker，2005）。但是在企业网络合作中这些正式与非正式治理机制是交叉、融合还是相互替代呢，所以对企业网络合作行为进行治理时需要结合案例进行深入剖析，并提出相应的治理机制。

本书通过对菜鸟网络这个案例进行单案例纵向分析，并在一手调研资料与二手数据资料相结合的基础上，通过将企业网络合作行为划分为不同的阶段对其行为进行分析，对行为产生的原因以及合作行为演化的基础上构建与不同合作行为相匹配的治理机制模型，进一步为企业网络合作行为研究的治理对策提供思考和引导。

（二）研究框架构建

虽然本书的关注重点是企业网络合作行为，即宏观水平现象，但这些关系只会随着时间的推移而产生、发展、成长和消解，这是个体行为活动的结果，而且个体的行为将对网络整体合作关系产生影响。基于此，本书从静态与动态发展过程的角度对企业网络合作行为进行深入治理。首先，从静态的视角一方面对企业间协调性行为和投机性行为产生的动机以及共同的目标进行构型，[1] 在这个阶段，合作双方的重点更关注合作，所以会更多通过协调或讨价还价的方式建立合作程序；另一方面对企业间合作中产生的投机性行为的因素进行分析，鉴于因果非对称性，所以需要对不同合作行为产生的原因分别进行构型。其次，在企业网络内基于不同网络成员的权力不同赋予不同的角色，对不同网络权力配置模式下企业网络的合作行为进行动态演化分析。[2] 最后，对合作行为进行静态与动态分析的基础上结合现实案例形成与不同合作行为对应的治理机制，而且不同的研究内容之间存在递进的过程。

---

[1] 从微观个体层面对其合作行为进行研究时，主要关注点在两个节点间的合作，与其角色没有关系，所以主要从投机性行为和协调性行为的视角进行构型研究。

[2] 从网络层面对其合作行为进行研究时，在网络内不同节点承担的角色不同，所以对其合作行为的演化部分主要从核心型行为和非核心型行为进行模拟仿真。

因此，本书基于跨层次理论中自下而上的涌现机制与自上而下的激励机制，一方面，自下而上——从微观到宏观，从个体节点到网络整体即微观个体因素如何通过交互作用形成合作行为，以及合作行为在宏观网络上的动态演化过程，其中在微观个体层面其合作为单个企业间的互动，企业间的行为可以分为协调性合作行为和投机性合作行为，在网络的组织层面，企业处于网络内部，不同企业基于自身在网络内的角色、权力不同可以分为核心型行为和非核心型行为；另一方面，自上而下，从宏观组织到微观个体的政策实施逻辑，从政府政策、行业规范、网络整体与合作结点 4 个层面构建合作行为的治理逻辑。由此形成一个自上而下与自下而上相结合的双向作用机制，进一步构建本书的研究框架，结果如图 3 - 3 所示。

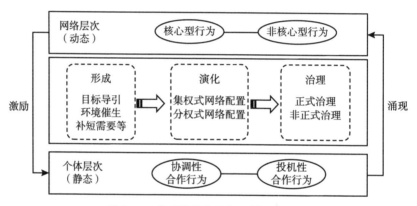

图 3 - 3　企业网络合作行为的研究框架

综合可知，本书通过将涉及不同学科合作的研究领域联系起来，未来的研究可能会揭示合作行为形成因果和治理机制，解释合作行为如何在企业网络中出现、如何演化，以及它们如何通过治理机制来面对不同的合作行为，避免产生治理不足与过度治理现象的产生。

三、小结

本章首先结合已有研究从整体层面对企业网络合作行为这个"黑箱"进行解构，主要包括研究层次、因果维度、动态与静态视角等挖掘其蕴含的内容，并结合相关研究以及现有研究成果从企业网络合作行为的形成、合作行为的演化以及治理等几个角度对其合作行为进行展开研究，构建其合作行为的研究框架，基于此形成本书的主要研究内容，分别为企业网络合作行为形成的内在机理、企业网络合作行为的演化机制以及企业网络合作行为的治理研究，为整篇文章奠定基础并设定布局。

企业网络合作行为形成的内在机理

面对日益激烈的国内外市场竞争，合作共赢成为经济实践的新亮点，要解释企业网络合作如何产生网络效应，就必须解释竞争企业为何不能简单地模仿合作行为，从而获取企业间合作可能获得的任何竞争优势。因此，本章结合不同学科借助"组态"视角实证探讨企业网络合作行为形成的影响因素和提升路径，为行为诠释、预判、引导与治理提供科学依据，为网络合作背景下中国企业的合作行为提供可操作性的建议与方向性导引。

一、企业网络合作行为形成的模型构建

企业网络合作行为已经成为企业获取竞争优势的关键，对其行为形成的原因进行深入剖析就必须首先明确其影响因素是什么，现有文献对合作行为形成的影响因素进行了大量、多角度的研究，但是现实并非单个影响因素作用的结果，而可能是多层次、多因素共同作用的结果（詹坤，2016），然而学术界已有研究成果过多关注单个变量间的净效应，而对不同因素之间的联合效应关注不够。因此，厘清导致合作行为形成的不同因素间的联动效应就成为本部分的关键问题。

（一）合作行为形成的因素提取

学者们对企业网络合作行为研究的主要目的是更好地进行网络治理，以提高整个企业网络的核心竞争力，但由于企业网络本身的复杂性、环境的不确定性和企业网络治理所涉及环节的多样性，企业网络合作行为的治理远远

不是通过几个关键点或某一单个治理机制所能解决的问题，它涉及目标、环境、结构、组织特性以及互补资源等多个方面，而且多个方面密切联系、交互影响。因此，本书结合已有研究从目标导引（增强实力、节约成本、分担风险等）、环境催生（市场竞争加剧、国际合作成主流、政府鼓励合作等）、补短需要（资源能力有限、优势互补、资源外取等）、权力配置（治理结构、治理机制、分散决策集中协调）、组织特性（基于充分信任的互动合作、具备天然的合作学习创新条件）等几个方面对企业网络合作行为形成的影响因素进行提取。①

1. 目标导引与合作行为

企业网络存在的终极目的主要是为了通过降低成本、分担风险而不断增强实力以获取持续的竞争优势，但是不同企业参与网络时由于具有个体差异性，例如通过调研发现有些企业参与网络为了提高其生产效率，也存在一些企业参与网络的目的在于提高其合法性等，因而企业间合作的不同目标会对其行为产生直接的影响。例如尼斯（Ness，2005）通过对固定期限合作行为进行研究，发现一个有目的和战略的行为体试图在长期内创造尽可能好的经济盈余，被认为是开始合作创造价值；在合作关系接近尾声时，行为人将以牺牲合作伙伴的目标（即要求尽可能多的价值）为代价追求自己的目标，以实现尽可能好的经济利益。所以无论是实践还是已有文献都认为企业合作中不同的目标可能会影响其合作行为，本书结合交易成本理论以及琼斯（1997）对于网络治理一般理论的探讨从任务复杂性、环境不确定性和专用性资产三个方面对其进行梳理。

在交易成本理论的视角下，企业网络作为一种治理模式，主要从三个方面——不确定性、资产专用性以及交易频率决定哪种治理模式更有效，而琼斯（Jones，1997）在此基础上加入任务复杂性的概念，认为网络治理产生的四个条件分别稳定供给下的需求不确定性、较高的资产专用性、时间压力

---

① 需要说明的是，对企业网络合作行为的影响因素进行梳理时，主要从结构决定论（网络位置）、关系决定论（组织间信任、专用性资产、互补性资源）和制度决定论（合法性、网络惯例、网络权力）进行综述，但是本部分对合作行为形成的影响因素进行提取时，发现由于网络位置对网络权力具有直接的影响作用，即网络权力在一定程度上能够体现网络位置，网络惯例是网络形成后的规则或惯例，在合作行为形成时不具有影响性，而且除此之外，任务复杂性和不确定性对网络合作行为的形成也具有重要的意义，因此，本书从目标导引（任务复杂性、不确定性、专用性资产）、环境催生（合法性）、补短需要（互补性资源）、权力配置（网络权力）、组织特性（组织间信任）对合作行为的形成进行构型分析。

下的任务复杂性以及网络成员间的频繁交易。其中任务复杂性是指完成一个复杂产品或服务所需的不同专业输入的数量，较高的任务复杂性会促进不同行为体间的相互依赖，并进一步提高了企业网络内协调行为的需要。基于此，本书提出如下命题：

命题1a：任务复杂性促进企业网络内协调性合作行为的产生，抑制投机性合作行为的产生。

通常，学者们认为企业网络合作行为形成主要取决于其外部因素，外部组织间的相互依赖以通过合作的方式满足资源需求，因此网络被认为是不同企业间外生相互依赖的结果，但是这种观点忽略了环境不确定性的事实（van de Ven，1976），环境不确定性指的是个人或组织无法预测未来事件（Milliken，1987）。这种不确定性的来源可以来自供应商、零售商、竞争对手、监管机构、工会或金融市场（Miles and Snow，1978）。理解不确定性的来源是重要的，因为这些将影响到通过哪种治理形式用来协调和维护其合作行为。现有研究主要从两个方面对不确定性进行研究，一方面不确定性主要来源于外部环境，认为知识或技术的快速推进产生了需求的不确定性，而企业网络合作行为的产生具有能够应对各种突发事件的能力，因为捆绑的资源可以廉价地和快速地重新分配以满足不断变化的环境需求；另一方面认为不确定性主要来源于合作伙伴，基于合作伙伴间信息的不对称性，这导致组织通常不知道哪一个合作伙伴最能为他们的利益服务。不完善的信息会增加潜在合作伙伴的搜索成本和机会主义行为的风险（Williamson，1985），促使组织寻找有助于管理不确定性的指标。因此，虽然组织间联系可以成为管理不确定环境所造成约束的一种手段，但与形成这种联系相关的不确定性也相当大。因此，在这些网络合作行为中，管理者遇到两种类型的不确定性：关于未来自然状态的不确定性和不确定当事人各方是否能够依靠信任来反对逆向选择和道德风险问题的不确定性。

当企业间合作关系的优势在关系完成之前无法确定时，与选择合作伙伴相关的不确定性尤其突出，无论是在资源方面还是在未来合作伙伴的完整性方面，这些条件在一些组织间环境中普遍存在。在这种情况下，组织将面临上述两种不确定性的事实，第一种不确定主要由于社会环境的不可预测性。环境的快速变化可能导致组织改变其需求和方向，从而影响其持续的伙伴关系（Elster，1989；MacIntyre，1981）而第二种不确定性可以追溯到行动者对于社会交换关系中对合作困境的关注，在交换关系中机会主义行为是可能的，这种行为不确定性在科斯（1937）的公司理论和交易成本观点中具有核心作用（Williamson，1985）。交易成本经济学对不确定性和资产特殊性的强调证明了组织间关系中这种问题的突出性。

尽管第一种不确定性使得起草和执行可能减轻这些风险的合同变得困难（Williamson，1985），第二种不确定性使得企业间的自愿合作会产生风险。但为了使组织能够建立有效地满足其需求的关系，同时最大限度地降低由两种情况所带来的风险，组织必须意识到潜在合作伙伴的存在，并了解其需求和要求。组织还需要关于这些合作伙伴的可靠性的信息，特别是当成功很大程度上取决于合作伙伴的行为时，例如组织间联盟（Bleeke and Ernst，1991）。从嵌入性理论视角来看，嵌入性背后的动力是对信息的探索，以减少不确定性，这种探索通常被认为是组织行动的主要驱动力之一（Thompson，1967）。具体地说，网络可以是有关潜在合作伙伴的可用性、能力和可靠的有效信息来源，从而帮助组织处理在不确定情况下影响经济交易的不确定性问题。在这种情况下，组织利用现有的网络访问信息，降低搜索成本，降低机会主义的风险，从而帮助组织处理秩序问题（Granovetter，1985；Powell and Brantley，1992）。基于此，本书提出以下命题：

命题1b：外部环境的不确定性促进企业间协调性合作行为的产生，企业间交换关系的不确定性促进投机性合作行为的产生。

从交易成本理论的视角认为企业网络合作行为形成诠释时只关注其不确定性和任务复杂性还不足以对企业间合作的目标进行全面的阐释，还需要关注一个非常重要的变量就是资产专用性，该变量对于企业网络合作行为的形成具有非常重要的意义，交易成本理论认为基于企业间合作中有限理性和不完全契约的存在，网络内合作一方投入专用性资产会诱发其他合作伙伴采取投机性合作行为，进而产生讨价还价的可能，因为当资产专用性较高时意味着该资产转为他用时价值的减损程度较大，交易一方可能会通过杠杆效应去博弈投资方，进而产生投机性合作行为的可能性较大，所以从这个角度来看资产专用性能够促进企业间投机性合作行为的产生，但是也有学者发现在实践中企业网络内合作中投机性合作行为并没有普遍发生，而且从社会交换理论进行分析发现企业间合作的目的在于通过节约成本、交换资源、增强实力，从而通过互惠的方式达到各自的目的，核心在于相互依赖，而且威廉姆森在其后续研究成果中也指出资产专用性在一定程度上能够促进合作承诺的产生，麦克尼尔（1980）指出合作承诺、互惠能够促进合作行为的产生，而且将其与正式制度结合是维持企业间持续合作的重要机制。此外，资产专用性从本质上是企业间合作的一种资源投入，而企业间的资源依赖又是资源依赖理论的核心主题，资源依赖程度取决于该资源对于组织的重要性和不可替代性。如果该资源不仅对企业网络非常重要而且还不可替代，则资产专用性会促进合作中协调性合作行为和非投机性合作行为。所以从不同的理论视角出发可以得出完全相悖的结论，究其原因发现多数学者未对资产专用性进行深入剖析，蒂斯（1986，2006，2016）从创新的角度对专用性资产进行分类，认为专用性资产可以分为单向专用性资产和共同专用性资产，其中单项专用性是指创新与互补资源之间存在单方面依赖关系的资产。共同专用性资产是指双边依赖的资产。基于此，本书提出以下命题：

命题1c：在企业网络合作中，共同专用性资产可能会促进合作中协调性合作行为的产生，而单项专用性资产可能会诱发企业间的投机性合作行为。

2. 环境催生与合作行为

随着云计算、大数据、数字化、区块链等新一代信息技术与制造业的深度融合，带来制造模式、生产方式、产业形态和产业分工格局不断变革。全球制造业创新体系也随之转变：创新载体从单个企业向跨领域多主体协同创新网络转变，创新流程从线性链式向协同并行转变，创新模式由单一技术创新向技术创新与商业模式创新相结合转变。以具有跨界、融合、协同特征的新型创新载体为核心的全球制造业创新生态系统正在形成。同时，随着国际合作成主流，我国政府也相应颁布了各种与企业间合作相关的政策条款，以促进企业网络合作行为的产生。例如，为全面贯彻党的十八大和十八届三中、四中、五中、六中全会精神，深入落实中央经济工作会议精神和十二届全国人大五次会议通过的《政府工作报告》，全面实施战略性新兴产业发展规划，加快新材料、新能源、人工智能、集成电路、生物制药、第五代移动通信等技术研发和转化，做大做强产业集群网络，2015年工业和信息化部关于进一步促进产业集群发展的指导意见指出，产业集群是中小企业发展的重要组织形式和载体，对推动企业专业化分工协作、有效配置生产要素、降低创新创业成本、节约社会资源、促进区域经济社会发展都具有重要意义。鼓励和引导企业间联合组建产业联盟或研发联盟等新型合作模式，强化产业链整合和供应链管理。

此外，习近平在党的十九大报告中强调，促进我国产业迈向全球价值链中高端，培育若干世界级先进制造业集群。为此，必须深化对产业集群的认识，把握我国产业集群发展的阶段性特征，不断提升我国产业集群竞争力。应建立以企业为主体、以市场为导向、产学研深度融合的技术创新体系，特别是充分发挥产业集群集聚发展、协力创新的优势，加快形成创新网络。积极参与或主导标准制定，加强知识产权保护，提升产业集群整体创新能力，推动中国创造向全球产业链、价值链高端跃升，充分说明近年来国家各级领导部门对企业网络间合作的关注和重视。

基于国家政府部门对我国构建企业网络高度重视外，学术界对于外部环境的影响也形成了大量的研究成果。例如合法性不仅能够帮助企业获取资源而且还为企业创造了制度环境，尤其在中国，政府政策导向对企业行为会产生重要的影响作用，因此合法性可能更具有重要性。这能够在一定程度上解释为什么有的中小企业本身效率较高，但是还愿意与其他企业合作形成网络。因此，企业网络内成员不止考虑效率和公平因素，还需要确保企业经营活动在各种制度和规范框架内，确保合作行为能够得到合法性（DiMaggio and Powell，1983），而且企业网络合作行为的合法性主要由政府、协会和供应商等外部成员来判定，因此网络成员积极寻求合法性能够促进合作行为的形成（Fisher et al.，2017）。这些都表明，合法性会促进网络绩效的形成。基于此，本书提出以下命题：

命题2：在企业网络合作中，制度的合法性会促进企业间协调性合作行为的产生。

3. 补短需要与合作行为

随着市场竞争的加剧以及外部不确定性等风险程度的扩张，企业由于自身能力和资源的限制，企业间通过"抱团取暖"的方式形成合作行为，其中互补资源是决定企业与谁进行合作的关键因素（Dyer and Singh，2018），它不仅决定网络价值创造的速度而且对网络联盟解散的速度也有重要的影响，此外，在众多影响因素中合作驱动力的互补资源通常先于联盟形成阶段价值创造的其他几个决定因素。理查德森（1972）在一个理论经济账户中提出，互补性资源是组织间合作的关键驱动力。从互补资源中创造价值的一个关键因素是企业之间的协调成本，这是由资源相互依赖的性质驱动的（Gulati and Singh，1998）。

众所周知，组织间的相互依赖性是组织有效采用整合机制的一个特别好的预测因素。在企业间关系中，也存在一些其他因素可能会产生相互依赖，例如资产的特殊性、不确定性或交换的资源量。蒂斯（1986）将互补性资源依据其可替代性分为通用资源和专用资源，通用资源是一种通用目的的资产，不需要根据所涉及的创新进行调整。专用资产是指创新与互补资产之间存在单方面或双方依赖关系的资源。本书所指的互补性资源为通用型互补性资源，主要指在企业网络中，不同合作伙伴所提供的彼此所需且具有独特性的能够为网络提供资源和技术，并且能够提升企业自身的核心竞争力，同时由于互补资源间的合作所产生的收益超过企业单独生产所获得的效用（王丽平和何亚蓉，2016）。也有学者将资源依赖分为结构依赖和过程依赖，研究者主要从过程依赖的视角对其进行探讨，汤姆森（1967）提出的相互依赖的概念，在最不具挑战性（集合或模块化相互依赖）、中等挑战性（顺序相互依赖）和最具挑战性（互惠相互依赖）之间，有着本质上的不同和不断增加的协调需求，属于过程依赖。

大多数网络研究人员都认为，相互依赖是启动和维持网络的核心因素（Agranoff and McGuire，2003；Koppenjan and Klijn，2004）。关于这种关系形成的主要观点是，组织进入这些关系是为了解决他们所感知到的与其他组织的相互依赖性。正如特克（1972）所指出的，组织间关系的必要性可能与组织与其他组织相互依赖的意识有关，并试图进行协调。后来的研究将诸如内部自治和决策者面临的约束（Whetten and Leung，1979）等问题纳入考虑范围。尽管如此，外部相互依赖被视为推动关系形成的主要机制。当资源依赖程度较低时，在没有其他投入的情况下互补性资源会促进合作行为的形成，而随着资源依赖程度不断增加，相互依赖需要复杂且重叠的分工，这需要持续的相互调整，要求每个合作伙伴将特定的活动与其他合作伙伴紧密而定期地联系起来才能形成合作行为。基于此，本书提出以下命题：

命题3：在企业网络合作中，企业间的互补性资源会促进其合作行为的形成，但是当企业间的依赖程度较高时可能还需要其他方面的专用性投资共同作用才能形成其合作行为。

4. 网络权力配置与合作行为

网络权力配置是指由于企业网络中各节点不对称依赖关系所导致的权力在成员企业间所呈现的不对称分布。配置格局的直接影响，节点的竞争力和市场地位直接决定其在整个网络中的角色与作用。网络权力影响合作关系的形成与合作深度，权力大的企业出于自身利益的维护可能会阻碍深入合作，也可能通过提供技术与支持赢得尊重并增加行为默契（Dacin，2007）。在网络组织中不同节点之间的比较优势存在差异，进而导致话语权不同，占有绝对优势的节点处于整个网络的核心位置，显然具有很大的发言权和影响力，而对于那些处于网络边缘或者彼此联系不太紧密的节点而言，其话语权就十分有限，因此网络权力的配置存在差序格局，而这种差序格局势必会影响网络组织的运行绩效和治理效果（孙国强，2014）。

从概念来看，权力源于社会学，是社会学研究的基本概念，后续在经济学和管理学中得到广泛应用，尤其是企业管理研究中，但以企业为对象的研究中权力（权威）大多围绕内部科层而非企业间网络。近年来，在企业网络的相关研究中随着不同学科的交叉融合，权力的研究逐渐形成两种类型，分别为个体权力和网络权力（王琴，2012）。其中个体权力是参与者所拥有的内在资源及其在网络中的定位赋予了参与者以微观层面的权力，使某些成员较之其他成员表现出更大的权力，比如有些网络中存在显著的核心；而网络权力是指网络层面的权力。但是大部分研究认为个体权力也属于网络权力的范畴，统称为网络权力。

网络权力可以用来解释和预估网络节点的合作行为，近些年来越来越受到学者们的关注，并逐渐演化为一个热点问题。网络权力对组织间关系具有重要的影响作用，在很大程度上影响着网络中成员企业的绩效，是影响合作行为至关重要的因素之一。达磨拉吉（2006）发现企业网络内节点企业可通过知识权力来影响其他企业的合作行为，魏龙、党兴华（2017）将网络权力分为知识权力和结构权力两个维度，都影响合作行为的产生，同时存在核心企业的网络可能具有更高的合作效率，因为核心企业可以协调和引导其他行为体，进一步降低组织间的冲突以及减少机会主义行为的产生。此外，鉴于网络权力产生的来源具有多样性，而且由于网络权力受到资产专用性以及需求不确定性的影响，网络权力可能是暂时的（Jones，1997），所以网络权力对合作行为的影响可能是复杂的。

从已有文献来看，许多因素会通过影响网络权力，进一步对合作行为的产生进行驱动，包括网络位置以及吸收能力等。网络权力可以受企业网络中参与者位置的影响，强调了参与者通过有利的地位在企业网络中可以产生的控制益处。组织地位所提供的线索扩大了潜在合作伙伴的领域，组织可以拥有直接或间接与之相关的组织圈之外的先验信息。组织在网络中的状态会影响其在系统中的声誉和可见性。这种声誉越高，组织获得各种知识来源的机会就越大，以及丰富的合作经验，这使得它成为一个有吸引力的合作伙伴（Powell，Koput and Smith Doerr，1996）。地位的信号性质在不确定的环境中尤为重要，在不确定的环境中，潜在合作伙伴的吸引力可以从其地位来衡量，而这又取决于与该合作伙伴有联系的组织（或组织类型）（Podolny，1994）。这种现象具有重要的行为后果。如果与他们合作组织的地位提高了他们自己的吸引力，组织就会倾向于寻找高地位的合作伙伴。然而，地位高的组织并没有动机接受地位低的参与者，因为他们对自己作为地位高的组织的吸引力几乎没有增加。此外，如果地位是一种质量的信号，一个低地位的组织将被其他组织认为几乎没有实质性的提供。这些条件的结合意味着，在其他条件相同的情况下，在新兴社会网络中享有高地位的组织之间，其联系应该更为普遍。这并不排除低地位组织可能与高地位的参与者建立联系的可能性，但这可能是一种罕见的情况。

此外，网络中的企业可以通过成为第三者或位于两个其他行动者之间的组织来获得控制优势。处于特殊位置的企业可以通过促进彼此之间没有直接联系的其他行动者之间的关系来为自己创造优势。结构洞是指企业在网络中的非冗余联系人之间存在的分离或间隙。因此，结构洞代表了信息/资源访问和控制的机会。富含非冗余接触的网络具有丰富的结构洞。根据波特（1992）的观点，位于结构洞丰富的网络中，并且占据网络中心或结构自治位置的公司，应该享有更高的回报。网络中存在的信息和控制优势来自网络中结构洞。联盟关系中的两个企业各自拥有不同的联盟网络，这将取决于他们在联盟或关系网络中的位置（例如中心性）。在网络中具有中心或结构自主地位且具有丰富结构洞的企业将能够更好地利用通过网络内的联盟关系获得的资源和信息差异。因此，与没有庞大的企业网络并且不在该网络中占据中心地位的合作伙伴相比，这样的企业将从合作网络中获得更大的利益。

为了应对动态环境，实现卓越绩效，除了在内部创造新的知识或者网络位置外，企业吸收外部知识的能力也变得越来越重要。根据已有研究，吸收能力是一种组织能力，经常被概念化为四个不同的维度：获取、吸收、转化和开发（Zahra and George，2002）。前两个维度共同构成潜在的吸收能力，代表企业获取和理解新的外部知识的能力，后两个维度构成已实现的吸收能力，包括企业利用和应用所获得知识的能力（Jansen et al.，2005）。虽然吸收能力的这两个组成部分和 4 个基本维度具有不同的作用，但它们是互补的，相互关联性很强，以确保企业成功地从新的外部知识中获得价值（Zahra and George，2002），而且较强的吸收能力者将拥有较大的权力。当企业网络伙伴中的节点企业充分了解彼此，知道每个公司的哪些关键技术以及在何处驻留时，专属伙伴吸收能力也会得到增强。在许多情况下，这种知识是通过企业间的交互非正式地发展起来的。所以当合作伙伴的吸收能力越强，企业网络产生关系租金的可能性就越大（Dyer and Singh，1998），更有利于合作行为的产生，但也有学者认为吸收能力越强，产生机会主义行为的可能性也越大，会阻碍合作行为的产生。基于此，本书提出以下命题：

命题 4：在企业网络合作中，不同的网络权力配置模式会对合作行为有不同的影响，网络权力较大者更容易促进企业间协调性合作行为的产生。

5. 组织特性与合作行为

企业网络作为一个介于市场和层级之间的中间型组织，具有市场和层级无法比拟的优势和天然的组织特性，企业间基于相互信任而形成网络，网络不仅能够作为治理结构产生网络效应，而且作为企业间信息交流的通道，能够为企业间合作提供信息共享的平台，促进企业间合作行为的产生。鉴于企业网络具有其他组织无法比拟的天然优势，组织间信任是企业网络合作研究中一个非常重要的关键变量，现有研究已形成较为丰富的研究成果，大量研究成果表明，组织间信任不仅能够减少企业间合作中的不确定性、降低机会主义行为进而降低交易成本，而且能够避免企业间交换中的道德风险、促进组织间的信息交流，进而提高组织绩效并帮助企业网络获取长久的竞争优势（Poppo and Zhou，2016）。从理论视角来看，组织间信任主要源于交易成本理论和社会交换理论，基于这两个理论视角大致可以将组织间信任分为两位维度：基于计算和关系视角两个信任维度，本书所指的组织间信任是指企业网络内不同企业间通过合作建立起来的诚实守信关系，并据此探索基于信任而产生的合作行为，没有组织间信任就不会产生企业间合作，既包括计算信任也包括关系信任。

组织间信任作为企业间关系研究中一个重要的因素，对信任的研究表明，信任的不同维度来自合作伙伴的能力（即技术技能、经验和可靠性）和诚信（即动机、诚实和性格），并且这些维度具有潜在的独特影响。由于学者们很少将这一区别应用于企业间关系研究中，过去的研究可能掩盖了涉及基于能力和诚信的信任的重要关系。特别是，研究建立在描述合作方如何处理关于他人行为的积极和消极信息的理论基础之上，以预测企业间关系中基于诚信的信任比基于能力的信任更能有效地降低交易成本。研究表明，通过这些持续的互动，企业不仅可以相互了解，还可以围绕公平准则或基于知识的信任发展信任（Shapiro，Sheppard and Cheraskin，1992）。这种信任有很强的认知和情感基础，可能在单个组织成员中最为明显。由相互认识和公平准则产生的知识型信任，以及由声誉概念产生的威慑型信任，都会在交换关系中产生自我强制保障，并可替代合同保障（Bradach and Eccles，1989；Powell，1990）。企业间信任的存在是联盟的一种特殊润滑剂，联盟涉及合作伙伴之间相当大的相互依赖性和任务协调，因为具有先前网络连接的公司可能更了解各自遵循的规则、惯例和程序。这样的社会结构可以使他们在必要时紧密合作，而不需要正式的等级控制。此外，组织间信任也存在一个度的问题，当善意信任和嵌入性导致持续存在表现不佳的联盟，或者将其称为过度信任时。这种信任可能导致盲目的信任、自满、过度的义务、不断升级的承诺以及妨碍合作伙伴根据外部标准相互标杆的满足（Stevens et al.，2015）。正如苏兰斯基、卡佩塔和杰森（2004）所指出的，诚信一方面培养了接受能力，另一方面减少了人们对警惕的需求。基于此，本书提出以下命题：

命题5：组织间信任会促进企业间合作行为的产生，但是过度的信任会诱发投机性合作行为的产生，阻碍合作行为的进一步发展和保持。

（二）合作行为形成的模型构建

基于已有研究，本书从目标导引、环境催生、组织特性、网络权力配置以及补短需要等几个维度对合作行为形成的影响因素进行提取。尽管学术界已形成较为丰富的研究成果，但是已有研究中多为单个因素的净效应研究，但显然这些因素之间并不是独立存在的，互相之间存在的相互影响或交叉作用等复杂的关系，单个因素对合作行为的净效应无法对其进行充分的解释，而且合作行为可以分为协调性合作行为和投机性合作行为两个维度，所以本书将从5个维度的7个变量进行构型，充分对其不同维度合作行为形成的路径进行深入剖析。其理论模型如图4-1所示。

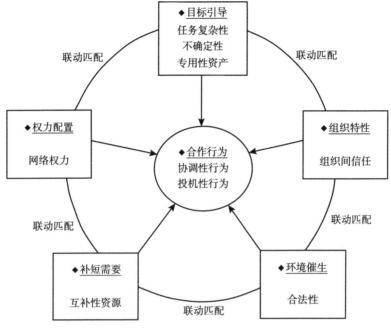

图 4 - 1 企业网络合作行为形成的影响因素模型

二、企业网络合作行为的样本选择与变量设计

对企业网络合作行为的组态分析进行剖析，首先需要对合作行为以及影响因素进行测度，涉及到样本的选择、变量的设计以及数据的获取。

（一）分析工具的选取

因果关系的复杂性一直被认为是组织现象背后的普遍特征，但是目前管理学中的理论和方法在很大程度上并不适合直接进行研究。QCA 方法使用基于布尔代数技术的集合理论构型方法来确定哪些属性组合是必要的或足以产生特定结果（Fiss，2007，2011；Greckhamer et al.，2008）。定性比较分析（QCA）方法的引入导致构型理论的重生，该理论明确包含因果复杂性。本书认为，使用 QCA 进行研究不仅仅代表一种新颖的方法，它推动了管理和组织研究的新构型视角的出现，该视角使得可以通过集合论的逻辑对因果复杂性进行细化的概念化和实证研究。长期以来，管理研究已经认识到企业网络合作行为的结果往往取决于相互依赖的不同因素之间的一致性或冲突

（Siggelkow，2002；Tushman and O'Reilly，2002）。本书选取模糊集定性比较分析作为探索企业网络微观个体合作行为影响因素的分析方法，主要来源于以下几方面的原因：

首先，鉴于企业网络合作行为跨越微观个体和宏观网络整体两个层面，尽管本章对驱动微观个体间合作行为的影响因素进行探讨，但是其影响因素不仅包括微观节点层面也包括宏观网络层面的因素，而定性比较分析最大的优势在于其并不要求对多层次的前因条件做特殊处理，尤其适合本书这类跨层次探索性研究（Lacey and Fiss，2009；王凤彬等，2014；Greckhamer，2011）。

其次，定性比较分析的方法非常适合中小数量的样本案例，因为较少的案例进行分析可以对每个案例的特征进行比较深入的分析和对比，尽管现在越来越多的学者已经运用定性比较分析的方法处理较大数量的样本数据，但是对于中小样本的案例来说此方法是最合适的。

最后，也是最重要的一点，已有学者基于统计学的独立性假设更多从统计回归的视角对其影响因素的净效应进行分析，但是显然任何行为的产生都不是单个变量能够独立影响产生的，而且这些变量之间不满足独立性的假设，所以因果关系往往是复杂的，因为结果通常是由几种不同的因果条件组合而成（Fiss，2011；Cárdenas，2012），而定性比较分析最大的优势为该方法描述了沿着二元或多类属性的组织或其他现象的案例，并寻找出必要或足以产生某些结果的各种经验组合。而且在某些情况下，对构型的核心兴趣在于它们内部主题的一致性，而不是与特定绩效结果的任何联系（Miller and Friesen，1984；Short et al.，2008）。

基于以上几点原因，本书认为对于企业网络合作行为的前因条件进行构型时，定性比较分析的方法是最适用的，具有其他同类方法无法比拟的优势。这些特性使得 QCA 特别适合本书的研究问题，尽管传统方法分析了相互竞争的解释变量的独立净效应，QCA 关注的是因果条件的组合效应，因为它假设因果关系是复杂的、相互交织的和整体的（Ragin，1987）。QCA 包括清晰集定性比较分析（cs/QCA）、模糊集定性比较分析（fs/QCA）以及多值集定性比较分析（mv/QCA）三个基本类别。相较于 cs/QCA 和 mv/QCA 只适合处理类别问题的特点而言，fs/QCA 还能够进一步处理有关程度变化或部分隶属的问题（杜运周和贾良定，2017）。近年来，国内学界也开始陆续将该方法应用在组织的战略管理和技术应用等领域中（黄荣贵和桂勇，2009；王凤彬等，2014；杜运周和贾良定，2017；郝谨等，2017；范梓腾等，2018；王璁和王凤彬，2018；程建青等，2019）。

（二）样本选择与数据收集

本书的数据源于多个行业的企业样本，包括建筑业、制造业、物流业以及服务业，原因主要有以下几个方面：首先，随着企业间竞争的加剧以及外部环境不确定的增加，企业网络已经成为许多企业运营的一种普遍性的商业模式，它不再是限定于某个行业的特殊现象；其次，限定于某一个行业的调查不足以对其网络合作行为的普适性进行深入研究；最后，通过对不同行业企业网络合作行为产生的原因进行探索，更能发现其中的核心关键因素，对本书的研究具有重要的价值和意义。

基于此，本书采用调查方法，以获得所需的微观分析数据（Mayer，2009）。第一，调查问卷的编制开始于对 5 家公司管理部门经理的半结构化访谈，以了解研究问题及其背景；第二，与 4 位行业专家以及 1 个学术专家小组讨论了这些见解，以排除潜在的误解；第三，查阅了顶级期刊，以确定用于测量要包含的各个变量的既定量表，并在必要时根据研究背景对其进行调整；第四，与目标公司的两名联系人密切合作，拟订了一份调查草稿；第五，通过课题组老师和同学们之间的社会关系联系 MBA 的学生以及少数企业管理人员对问卷进行了广泛的预测试。

最后将定稿的调查问卷作为网络问卷通过之前调研中的联系人，此外还通过问卷星的方式发给不同行业的管理人员，共发放问卷 447 份，经过内部提醒和电话回访收回 318 份，并依据问卷规则剔除无效问卷后得到有效问卷312 份，远高于广泛随机抽样策略下的可能结果。其中每个管理人员负责一个不同的组成部分，这意味着每个响应都与不同的关系有关。在前期研究之后，提示每个管理人员报告最重要的合作关系。这样做可以确保管理者对单一合作关系的反应足够重要，能够考虑到最可能的影响因素。

此外，本书遵循波扎克夫等（2003，2012）的建议，采取了几个步骤来最小化常见方法偏差，这一点尤为重要，因为模糊集定性比较分析无法提供与结构方程建模技术等价的技术来纠正可能存在的常见方法偏差的估计。第一，分离因变量（合作行为）和自变量（不同影响因素）的位置。正如波扎克夫等（2003）所指出的那样，分离会降低被调查者使用以前的答案来填补回忆中的空白、推断遗漏的细节或回答随后问题的能力。第二，尝试通过使用不同的缩放类型和锚定标签来最小化常见的缩放属性。第三，改进量表项目以消除歧义。模棱两可的问题是，受访者不确定如何回应，解决这个问题的最好办法是保持问题简单、定义含糊不清或不熟悉的术语、避免复杂的语法（Tourangeau et al.，2000）。因此，依赖于先前研究的成熟量表，在最终发放问卷之前进行多次修改、讨论和测试。第四，社会期望不太可能是常见方法偏差的来源，因为询问的是他们最重要的供应商关系中的事实，而不是管理人员表现如何或经理的个性。第五，考虑能力和动机因素可能会导致偏见的反应。关于能力，波扎克夫等（2012）指出，语言能力或教育程度较低的受访者更有可能以无差异的方式做出回应。在本书的研究中，能力不应该是一个问题，因为调查对象都是企业管理人员，其中大多数都受过高等教育。此外，参与者应该有积极性，因为询问的是他们日常工作的一个中心方面，因此，自我表达的欲望应该很高。第六，调查计划保护了被调查者的匿名性，减少了对评估的恐惧。总的来说，结果表明，在该研究中，常见的方法偏差似乎不是一个主要的关注点。

（三）变量测量与赋值

1. 被解释变量

鉴于合作行为可以从投机性合作行为和协调性合作行为两个维度进行诠释和研究，所以本书从投机性合作行为和协调性合作行为两个视角分别对合作行为进行构型，由于定性比较分析中因果关系的非对称性，因而不同视角的研究会产生不同的构型路径，而且基于不同目的的行为其产生的原因可能也是不一致的，所以本书用投机性合作行为和协调性合作行为分别对合作行为进行测度，协调性合作行为的量表主要来源于皮尔斯（2001）与吴和王（2016）对合作行为的测度，投机性合作行为主要来源于（Skarmeas，Katsikeas and Schlegelmilch，2002）对机会主义行为的测度，并且所有行业的合作水平均值进行校准，而不是用样本企业的锚点（如样本平均值）来对调查企业的合作水平进行校准的。

由于使用 fs/QCA 时需要将原始变量值校准为模糊隶属度，首先需要设定 3 个阈值：完全隶属值、完全不隶属值以及交叉点。基于此方法，构造了两个模糊集：目标集合为协调性合作行为和投机性合作行为，其中当李克特量表的平均值为 1 时，赋值为 0；当其平均值为 5 时，赋值为 1；投机性合作行为的交叉点为 3，协调行为的交叉点为 4.4。

2. 解释变量

基于以上文献梳理，本书从 5 个维度对企业网络合作行为形成的影响因素进行测度。

第一个方面是目标导引。本书用三个变量进行测度，分别为任务复杂性、不确定性和专用性资产，其中任务复杂性用 3 个问题来测度：我们企业完成产品或服务时需要大量的经验和实践知识，而这些经验和知识很难在一般的流程描述中体现；我们完成产品或服务的生产过程基于相对复杂的程序/技术，需要生产人员满足多种能力；完成一项产品或服务时需要不同人员/专家的准确、及时和实质性的协调。不确定性用 3 个问题来测度：我们很难根据一些标准来评估合作伙伴所提供的产品或服务的质量；我们很难预估开展这次合作所需资源的质量和/或数量；在合作期间，可能需要随时改变合作的模式。专用性资产用 3 个问题来测度：我们和我们的合作伙伴在致力于合作关系的资源方面进行了大量投资；我们和我们的合作伙伴的操作流程是为满足合作的要求而量身定做的；如果合作关系突然结束，对我们来说将是一个巨大的损失。本书用 5 点李克特量表来测度，1 表示完全不赞同，3 表示基本赞同，5 表示完全赞同。其中当李克特量表的平均值为 1 时，赋值为0，当其平均值为 5 时，赋值为 1，并且选 4 为交叉点。

第二个方面为组织特性。本书用组织间信任进行测度，组织间信任用 3 个问题来测度，如合作伙伴的工作能力受到大家的认可、信赖与尊重；合作伙伴真诚地关心我们的利益诉求；认同合作伙伴的身份与地位，并相信双方的利益将得到保障；在与合作伙伴的接触中，从未有过被误导的感觉。这 3 个问题的信度很高，本书用 5 点李克特量表来测度，1 表示完全不赞同，3 表示基本赞同，5 表示完全赞同。其中当李克特量表的平均值为 1 时，赋值为0，当其平均值为 5 时，赋值为 1，并且选 4 为交叉点。

第三个方面为环境催生。本书用变量合法性进行测度，合法性用 3 个问题来测度，如顾客对我们的产品有较高的评价；投资者愿意与我们进行合作；竞争对手对我们也很尊重；政府对我们的经营行为有较高的评价；合作伙伴对我们的合作有较高的评价。本书用 5 点李克特量表来测度，1 表示完全不赞同，3 表示基本赞同，5 表示完全赞同。其中当李克特量表的平均值为 1 时，赋值为 0，当其平均值为 5 时，赋值为 1，并且 4 为交叉点。

第四个方面为补短需要。本书用互补性资源来进行测度，互补性资源用 3 个问题进行测度：合作企业双方都需要对方的资源来完成他们的共同目标；合作企业各自投入的资源对完成合作目标都很重要；每家公司带来的资源对另一家公司来说都很有价值。本书用5点李克特量表来测度，1表示完全不赞同，3表示基本赞同，5表示完全赞同。其中当李克特量表的平均值为1时，赋值为0，当其平均值为5时，赋值为1，并且选4为交叉点。

第五个方面为网络权力配置。本书用变量网络权力来测度，网络权力用3个问题来测度，如我们企业自身拥有别的企业难以替代的技术知识；我们以前具有指导其他企业的合作经验；我们退出企业间合作会给合作伙伴带来较大损失；我们在该领域内具有较高的知名度；我们是其他企业需要技术支持或指导时的首要选择。本书用5点李克特量表来测度，1表示完全不赞同，3表示基本赞同，5表示完全赞同。其中当李克特量表的平均值为1时，赋值为0，当其平均值为5时，赋值为1，并且选4为交叉点。

具体变量量表来源如表4-1所示，本书基于以下来源并根据实际情况修改而成。

表4-1　　　　　　　　　　　　　　量表来源

维度	测度变量	变量来源	说明
目标导引	任务复杂性	坎贝尔（Campbell，1988）；埃伯斯和欧勒曼斯（Ebers and Oerlemans，2013）	解释变量
	不确定性	埃伯斯和欧勒曼斯（2013）	解释变量
组织特性	组织间信任	高尔（Gaur，2011）；杨（Yang，2011）；吴和王（Wu and Wang，2016）；刘易奇和邦克（Lewicki and Bunker，1996）；约翰逊等（Johnson et al.，1996）	解释变量
环境催生	合法性	科什推娃和扎希尔（Kostova and Zaheer，1999）；塞尔托和霍奇（Certo and Hodge，2007）；杜运周和张玉利（2012）	解释变量
补短需要	专用性资产	苏和权（Suh and Kwon，2006）；吴和王（Wu and Wang，2016）	解释变量
	互补性资源	萨克尔和希尔（Sarker and Hill，2001）	解释变量
权力配置	网络权力	张巍、党兴华（2011）；贝克和福克纳（Baker and Faulkner，1998）；党兴华、李玲（2010）；赵爽（2009）；艾尔兰（Ireland，2007）	解释变量
合作行为	协调性	皮尔斯（Pearce，2001）；吴和王（Wu and Wang，2016）；摩根马和亨特（Morgan and Hunt，1994）；布拉什和阿茨（Brush and Artz，2000）；莫尔和斯派克曼（Mohr and Spekman，1994）；薛等（Xue et al.，2018）	被解释变量
	合作行为		

维度	测度变量	变量来源	说明
合作行为	投机性	斯卡米亚斯、卡兹基亚斯和施莱格尔密希（Skarmeas，Katsikeas and Schlegelmilch，2002）；冈拉克等（Gundlach et al.，1995）；克莱茵（Klein，1996）；威廉姆森（Williamson，1998）；罗（Luo，2006）；薛等（2018）	被解释变量
	合作行为		

（四）信度和效度分析

本章采用 SPSS 23.0 对量表进行信度和效度分析，结果如表 4 - 2 所示。说明各个变量的信度和效度都较高。

表 4 - 2　　　　　　　　　　信度和效度分析

构念	指标题项	负载	Cronbach's α	KMO
互补性资源	合作企业双方都需要对方的资源来完成他们的共同目标	0.966	0.929	0.562
	合作企业各自投入的资源对完成合作目标都很重要	0.966		
	每家公司带来的资源对另一家公司来说都很有价值	0.908		
专用性资产	我们和我们的合作伙伴在致力于合作关系的资源方面进行了大量投资	0.86	0.893	0.818
	我们和我们的合作伙伴的操作流程是为满足合作的要求而量身定做的	0.926		
	如果合作关系突然结束，对我们来说将是一个巨大的损失	0.787		
组织间信任	在与合作伙伴的接触中，我们从未有过被误导的感觉	0.836	0.920	0.829
	合作伙伴的工作能力受到大家的认可、信赖与尊重	0.91		
	我们认同合作伙伴的身份与地位，并相信双方的利益将得到保障	0.919		
合法性	行业协会对我们的产品有较高的评价	0.902	0.94	0.874
	合作伙伴愿意与我们进行合作	0.912		
	政府对我们的经营行为有较高的评价	0.894		
网络权力	我们企业自身拥有别的企业难以替代的技术等知识	0.882	0.92	0.887
	我们在该领域内具有较高的知名度	0.886		
	我们是其他企业需要技术支持或指导时的首要选择	0.858		

构念	指标题项	负载	Cronbach's α	KMO
不确定性	我们很难根据一些标准来评估合作伙伴所提供的产品或服务的质量	0.849	0.931	0.915
	我们很难预估开展这次合作所需资源的质量和/或数量	0.915		
	在合作期间，可能需要随时改变合作的模式	0.881		
任务复杂性	我们企业完成产品或服务时需要大量的经验和实践知识，而这些经验和知识很难在一般的流程描述中体现	0.821	0.862	0.692
	我们完成产品或服务的生产过程基于相对复杂的程序/技术，需要生产人员满足多种能力	0.923		
	完成一项产品或服务时需要不同人员/专家的准确、及时和实质性的协调	0.911		
协调性合作行为	在我们的合作关系中，经常进行非正式或公开的信息交流	0.928	0.936	0.84
	合伙人有时试图违反双方之间的非正式协议，以最大化自己的利益	0.921		
	合作伙伴间会经常性地进行协调活动以使合作过程更顺畅	0.913		
投机性合作行为	在企业间合作中，合作伙伴未经允许而私自将我们的专有技术用于他们自己的内部项目	0.917	0.949	0.867
	合伙人将设法利用我们合同中的"漏洞"来增进自己的利益	0.848		
	合伙人有时试图违反双方之间的非正式协议，以最大化自己的利益	0.921		

经过对这些构念的效度和信度检验，计算每个构念的题项均值，将该构念得分作为下一步数据分析的基础。构念的描述性统计信息和相关矩阵见表 4 - 3。

表 4 - 3　　　　　　　描述性统计和相关矩阵

基本变量	属性	频数	频率(%)	基本变量	属性	频数	频率(%)
企业所在地	华东	94	29.56	企业所在地	华南	43	13.52
	华北	86	27.04		东北	25	7.86
	华中	37	11.64		西南	24	7.55

基本变量	属性	频数	频率（%）	基本变量	属性	频数	频率（%）
企业所在地	西北	9	2.83	企业性质	其他	10	3.14
企业成立时间	3 年以内	10	3.14	企业	加工制造业	117	36.79
	3～10 年	129	40.57		信息技术产业	84	26.42
	10 年以上	179	56.29		交通运输、仓储业	16	5.03
企业规模	30 人以内	21	6.6		批发和零售业	28	8.81
	30～300 人	128	40.25		文化传播业	15	4.72
	300～2000 人	121	38.05		商务服务业	22	6.92
	2000 人以上	48	15.09		房地产业	20	6.29
企业性质	国有及国有控股企业	64	20.13		金融保险业	7	2.2
	民营企业	218	68.55		其他	9	2.83
	混合所有制企业	26	8.18				

三、企业网络合作行为的形成机理分析

（一）单项前因条件的必要条件分析

在对条件组态进行分析前，研究者首先需要逐一对各个条件的"必要性"进行单独检验，此后需对无法单独作为必要条件的各个条件展开充分条件分析，并通过"布尔代数最小化"识别出对目标案例解释力度最大的条件组态。因此，本书首先分别对各条件进行必要性和充分性分析，如表4－4所示。

表 4－4　　　　　　　　　　必要条件和充分性检验

条件变量	前因条件的充分性（一致率）		前因条件的必要性（覆盖度）	
	协调性合作行为	投机性合作行为	协调性合作行为	投机性合作行为
高互补性资源	**0.969475**	0.846357	0.689902	0.493844
低互补性资源	0.533451	0.580070	0.776799	0.692595

条件变量	前因条件的充分性（一致率）		前因条件的必要性（覆盖度）	
	协调性合作行为	投机性合作行为	协调性合作行为	投机性合作行为
高专用性资产	**0.922833**	0.781531	0.754112	0.523653
低专用性资产	0.638247	0.659900	0.735111	0.623201
高组织间信任	**0.909413**	0.751444	0.767020	0.519669
低组织间信任	0.654364	0.715741	0.722000	0.647528
高合法性	**0.956252**	0.820443	0.706351	0.496914
低合法性	0.553779	0.620828	0.750201	0.689600
高网络权力	0.889612	0.771823	0.746756	0.531228
低网络权力	0.644234	0.669368	0.715287	0.609378
高不确定性	0.57233	0.644095	0.820136	0.756787
低不确定性	0.866916	0.756579	0.788265	0.444979
高任务复杂性	0.871389	0.675946	0.704655	0.561816
低任务复杂性	0.695151	0.846357	0.689902	0.493844

　　根据表4-4对企业网络合作行为产生的必要条件和充分性进行检验后结果显示：从必要性来看，如果某个原因变量是导致结果出现的必要条件，则表明该原因变量一定会被纳入结果构型之中，因而也就没有必要将其纳入随后的定性比较分析之中，而从表中影响投机性合作行为和协调性合作行为产生的所有前因条件中，其覆盖度都未超过0.9，即这些前因条件既不近似也不构成其合作行为的必要条件；从充分性来看，影响投机性合作行为和协调行为产生的所有前因条件中，除了高互补性资源、高专用性资产、高组织间信任和高合法性的一致率接近于1外，其他条件的一致率都不构成其合作行为的充分条件。而且，进一步对一致率接近于1的几个前因条件进行分析发现，其对应的覆盖率都较低，这充分说明尽管该变量通过一致性检验，但是依然无法构成合作行为的必要条件。这一结果表明合作行为产生的复杂性，即需要不同因素之间的联动匹配才能共同影响企业网络合作行为，换言之，企业网络合作行为的产生与否，应该综合考量不同影响因素之间多重条件的并发协同效应。

（二）条件构型分析

各个前因要素的充分性和必要性检验表明，单个要素条件对投机性合作行为或协调性合作行为的解释力都较弱。因此，本部分将进一步对这些前因要素条件纳入 fs／QCA，分析企业网络合作行为形成中投机性合作行为和协调性合作行为的影响因素。下文将分别对协调性合作行为和投机性合作行为构型的结果进行分析。需要注意的是，模糊集定性比较分析会得到 3 类解：复杂解（不包含"逻辑余项"）、简洁解（包含"逻辑余项"，但不评价其合理性）以及中间解（仅限于将符合理论和实际知识的"逻辑余项"纳入解），其中，中间解的一个重要优点是它们不允许消除必要条件，一般而言，中间解优于另外 2 种解（Rihoux，2017）。根据简洁解和中间解来区分组态的核心条件和边缘条件：若一个前因条件同时出现于简洁解和中间解，则为核心条件，它是对结果产生重要影响的条件，是不可替代的变量；若此条件仅出现在中间解，则将其记为边缘条件，它是起辅助贡献的条件，是可被代替的变量（杜运周等，2017）。

1. 协调性合作行为形成的前因条件构型

本书通过对 312 份调研问卷进行构型，得出企业网络中协调性合作行为形成的前因条件构型，结果如表 4－5 所示，其中案例频数阈值为 2，一致性阈值为 0.850303，得到构型结果的总体一致性为 0.916305，覆盖度为 0.787799，意味着 8 条路径之和是协调性合作行为产生的充分条件，而其构型组合对结果的解释力度为 0.787799，具有较好的解释力。此外，鉴于核心条件为同时出现于中间解和简洁解的变量，而本书对于协调性合作行为形成的构型结果发现，在简洁解中没有构型产生，所以可以认为本部分的构型中不存在核心条件，都为边缘条件。

表 4－5　　　　　　　协调性合作行为形成的构型分析

条件组态	协调行为							
	1	2	3	4	5	6	7	8
互补性资源		●	●	⊗		●	●	●
专用性资产			●	⊗	⊗		●	●
组织间信任	⊗	⊗		⊗		●	●	●

续表

条件组态	协调行为							
	1	2	3	4	5	6	7	8
合法性	⊗	●	●		⊗	●	●	●
网络权力	⊗		●			●		●
不确定性	⊗	⊗	⊗	⊗	⊗	⊗	⊗	
任务复杂性	⊗	●		⊗	⊗	⊗	⊗	●
一致性	0.806413	**0.901955**	0.884369	0.837077	0.882370	0.899589	**0.909713**	**0.916325**
原始覆盖度	0.438138	0.581315	**0.742336**	0.401609	0.430440	0.596220	**0.614835**	**0.748704**
唯一覆盖度	0.002589	**0.014626**	**0.017145**	0.002449	0.005109	0.003009	0.007438	**0.087824**
总体一致性	0.916305							
覆盖度	0.787799							
频数阈值	2							
一致性阈值	0.850303							

注：参考拉金等（2008）的表述方式，用●表示条件变量出现，用⊗表示条件变量不出现。其中，大圈表示核心条件，小圈表示边缘条件。空格表示条件变量无关紧要（既可以出现，也可以不出现）。

路径 1 表明，当低组织间信任、低合法性、低网络权力、低不确定性与低任务复杂性同时存在时将会促进协调性合作行为的产生，而且从一致性和覆盖度来看，一致性为 0.806413，原始覆盖度为 0.438138，唯一覆盖度为 0.002589，这意味着虽然这几个变量相结合会促成协调性合作行为，但是对于结果的解释力相较于其他路径而言较小，同时一致性为 0.8，说明其一致性较好。

路径 2 表明，高互补性资源、低组织间信任、高合法性、高任务复杂性与低不确定性共同作用会促进协调性合作行为的形成，而且从一致性与覆盖度来看，一致性为 0.901955，原始覆盖度为 0.581315，唯一覆盖度为 0.014626，这意味着该路径能够解释约 58% 的协调性合作行为形成的案例，其中约 1.4% 仅能被这条路径所解释，相对于其他路径而言对结果的解释力度较大，同时其一致性超过 0.9，是结果形成的充分条件。

路径 3 表明，高互补性资源、高专用性资产、高合法性、高网络权力以及低不确定性共同作用能够促使其协调性合作行为的形成，而且从一致性与覆盖度来看，一致性为 0.884369，原始覆盖度为 0.742336，唯一覆盖度为 0.017145，这意味着该路径能够解释约 74% 的协调性合作行为形成的案例，其中约 1.7% 仅能被这条路径所解释，相对于其他路径而言对结果的解释力度较大，同时其一致性为 0.884369，是结果形成的充分条件。

路径 4 表明，低互补性资源、低专用性资产、低组织间信任、低网络权力、低不确定性、低任务复杂性共同作用会促成其协调性合作行为的产生，而且从一致性与覆盖度来看，一致性为 0.837077，原始覆盖度为 0.401609，唯一覆盖度为 0.002449，这意味着该路径能够解释约 40% 的协调性合作行为形成的案例，其中约 0.2% 仅能被这条路径所解释，相对于其他路径而言对结果的解释力度较小。

路径 5 表明，高互补性资源、低专用性资产、低组织间信任、低合法性、低网络权力、低不确定性以及低任务复杂性共同作用会促进其协调性合作行为的形成，而且从一致性与覆盖度来看，一致性为 0.882370，原始覆盖度为 0.430440，唯一覆盖度为 0.005109，这意味着该路径能够解释约 43% 的协调性合作行为形成的案例，其中约 0.5% 仅能被这条路径所解释，相对于其他路径而言对结果的解释力度较小。

路径 6 表明，高互补性资源、高组织间信任、高合法性、高网络权力以及低不确定性和低任务复杂性共同作用会促进其协调性合作行为的形成，而且从一致性与覆盖度来看，一致性为 0.899589，原始覆盖度为 0.596220，唯一覆盖度为 0.003009，这意味着该路径能够解释约 59% 的协调性合作行为形成的案例，其中约 0.3% 仅能被这条路径所解释，相对于其他路径而言对结果的解释力度较小，同时其一致性约为 0.9，是结果形成的充分条件。

路径 7 表明，高互补性资源、高专用性资产、高组织间信任、高合法性、低不确定性以及低任务复杂性共同作用会促进其协调性合作行为的形成，而且从一致性与覆盖度来看，一致性为 0.909713，原始覆盖度为 0.614835，唯一覆盖度为 0.007438，这意味着该路径能够解释约 61% 的协调性合作行为形成的案例，其中约 0.7% 仅能被这条路径所解释，相对于其他路径而言对结果的解释力度较小，同时其一致性约为 0.91，是结果形成的充分条件。

路径 8 表明，高互补性资源、高专用性资产、高组织间信任、高合法性、高网络权力、高任务复杂性共同作用会促进其协调性合作行为的形成，而且从一致性与覆盖度来看，一致性为 0.916325，原始覆盖度为 0.748704，唯一覆盖度为 0.087824，这意味着该路径能够解释约 74% 的协调性合作行为形成的案例，其中约 0.8% 仅能被这条路径所解释，相对于其他路径而言对结果的解释力度较小，同时其一致性约为 0.91，是结果形成的充分条件。

2. 投机性合作行为形成的前因条件构型

本书通过对 312 份调研问卷进行构型，得出企业网络投机性合作行为形成的前因条件构型，结果如表 4-6 所示，其中案例频数阈值为 3，一致性阈值为 0.765269，得到构型结果的总体一致性为 0.737473，覆盖度为 0.710338，意味着这 4 条路径之和是投机性合作行为产生的充分性为 0.737473，而其构型的组合对结果的解释力度为 0.710338，具有较好的解释力。此外，基于构成的不同路径中不同变量具有不同的重要性，所以基于其核心变量和非核心变量的依据形成本书中的核心条件和非核心条件。

表 4-6　　　　　　　　　投机性合作行为形成的构型分析

条件组态	投机性合作行为			
	1	2	3	4
互补性资源		⊗	●	●
专用性资产		⊗	⊗	●
组织间信任	⊗	⊗	⊗	●
合法性	⊗		●	●
网络权力	⊗	⊗	●	●
不确定性	⊗	⊗	⊗	●
任务复杂性	⊗	⊗	●	●
一致性	0.776017	0.782381	0.765269	0.804731
原始覆盖度	0.516060	0.459443	0.487280	0.547837
唯一覆盖度	0.051649	0.009936	0.027238	0.130450
总体一致性	0.737473			
覆盖度	0.710338			
频数阈值	3			
一致性阈值	0.765269			

路径 1 表明，低组织间信任、低合法性、低网络权力、低不确定性以及

低任务复杂性共同作用会促使其形成投机性合作行为，其中组织间信任和任务复杂性为核心条件，其余为非核心条件，而且从一致性与覆盖度来看，一致性为 0.776017，原始覆盖度为 0.516060，唯一覆盖度为 0.051649，这意味着该路径能够解释约 51% 的投机性合作行为形成的案例，其中约 5% 仅能被这条路径所解释，相对于其他路径而言对结果的解释力度较大，同时其一致性约为 0.77，不构成结果形成的充分条件。

路径 2 表明，低互补性资源、低专用性资产、低组织间信任、低网络权力、低不确定性以及低任务复杂性共同作用会促使其形成投机性合作行为，其中专用性资产、组织间信任和网络权力为其核心条件、其余为非核心条件，而且从一致性与覆盖度来看，一致性为 0.782381，原始覆盖度为 0.459443，唯一覆盖度为 0.009936，这意味着该路径能够解释约 46% 的投机性合作行为形成的案例，其中约 1% 仅能被这条路径所解释，相对于其他路径而言对结果的解释力度较小，同时其一致性约为 0.78，不构成结果形成的充分条件。

路径 3 表明，高互补性资源、低专用性资产、低组织间信任、高合法性、高网络权力、低不确定性以及高任务复杂性共同作用会促使其形成投机性合作行为，其中专用性资产、组织间信任为其核心条件，其余为非核心条件，而且从一致性与覆盖度来看，一致性为 0.765269，原始覆盖度为 0.487280，唯一覆盖度为 0.027238，这意味着该路径能够解释约 48% 的投机性合作行为形成的案例，其中约 2.7% 仅能被这条路径所解释，相对于其他路径而言对结果的解释力度较大，同时其一致性约为 0.76，不构成结果形成的充分条件。

路径 4 表明，高互补性资源、高专用性资产、高组织间信任、高合法性、高网络权力、高不确定性以及高任务复杂性共同作用会促使其形成投机性合作行为，其中不确定性为其核心条件，其余为非核心条件，而且从一致性与覆盖度来看，一致性为 0.804731，原始覆盖度为 0.547837，唯一覆盖度为 0.130450，这意味着该路径能够解释约 54% 的投机性合作行为形成的案例，其中约 13% 仅能被这条路径所解释，相对于其他路径而言对结果的解释力度最大，同时其一致性约为 0.8，不构成结果形成的充分条件。

综合对企业网络中投机性合作行为和协调性合作行为两个目标变量影响因素的构型结果进行分析，发现对于投机性合作行为和协调性合作行为形成的构型因素中不同因素具有不同的重要性，而且不同路径中其核心变量是不同的。因此需进一步对构型中不同变量间的关系进行深入挖掘。

（三）条件间的潜在替代关系

针对企业网络中投机性合作行为和协调性合作行为形成的不同路径，本书对其影响其路径的变量进行深入分析，发现不同变量间具有一定的替代关系，下面分别对其进行讨论。

1. 协调性合作行为形成的不同变量间的潜在替代关系

通过对企业网络协调性合作行为形成的不同路径进行深入挖掘与比较，发现变量间存在的潜在替代关系：第一，通过对路径 1~4 的异同进行比较，发现低互补性资源和低专用性资产与低合法性之间存在替代关系，在其他条件不变的前提下能对协调性合作行为产生同等的效果，如图 4-2 所示；第二，对路径 2~3 的异同进行比较，发现低组织间信任与高任务复杂性和高专用性资产与高网络权力之间具有替代关系，在其他条件不变的前提下能对协调性合作行为产生同等的效果，如图 4-3 所示；第三，对路径 4~5 的异同进行比较，发现低互补性资源和高互补性资源与低合法性之间存在替代关系，结果如图 4-4 所示；第四，对路径 6~7 的异同进行比较，发现高网络权力与高专用性资产之间具有替代关系，结果如图 4-5 所示；第五，对路径 7~8 的异同进行比较，发现低不确定性与高网络权力具有替代关系，在其他条件不变的前提下能对协调性合作行为产生同等的效果，如图 4-6 所示。

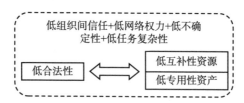

图 4-2　合法性与互补性资源和专用性资产间的替代关系

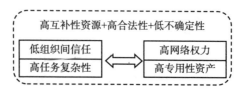

图 4-3　组织间信任与任务复杂性和网络权力与专用性资产间的替代关系

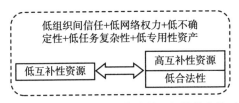

图 4 – 4　互补性资源与合法性之间的替代关系

图 4 – 5　网络权力与专用性资产间的替代关系

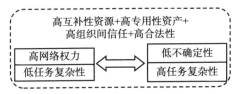

图 4 – 6　网络权力、不确定性与任务复杂性之间的替代关系

2. 投机性合作行为形成的不同变量间的潜在替代关系

通过对企业网络中投机性合作行为形成的不同路径进行对比，深入挖掘其变量间的潜在替代关系，通过对路径 1～2 的异同进行对比，发现低互补性资源、低专用性资产与低合法性之间存在替代关系，在其他条件不变的前提下能对协调性合作行为产生同等的效果，如图 4 – 7 所示；通过对路径 3～4 的异同进行对比，发现低专用性资产、低组织间信任、低不确定性和高专用

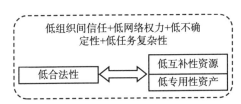

图 4 – 7　合法性与专用性资产和互补性资源间的替代关系

性资产、高组织间信任、高不确定性之间存在替代关系，在其他条件不变的前提下能对协调性合作行为产生同等的效果，如图4-8所示。

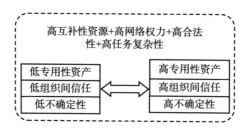

图4-8 专用性资产、组织间信任与不确定性之间高低程度的替代关系

四、进一步讨论

随着数字经济与互联网的渗透，以及企业间竞争的加剧，企业网络合作行为成为网络组织治理的主要组成部分，并进一步成为企业间合作与提高企业竞争力的一种趋势涉及各业。合作行为作为企业网络治理中的重要组成部分，然而现有研究对其行为形成的极其复杂互动机制并未深入探讨。基于此本书从投机性合作行为和协调性合作行为两个维度，以312份问卷数据为基础对不同行为形成的复杂互动机制进行深入分析，挖掘其不同变量之间的替代关系。研究发现：第一，从协调性合作行为形成的前因构型来看，有8条不同路径都可以促成协调性合作行为，通过对不同路径进行对比发现变量间的替代关系，还发现在不同的路径中有一个共同的变量就是低不确定性和高互补性资源，充分说明不确定不是协调性合作行为产生的关键因素，而互补性是协调性合作行为产生的重要核心变量；第二，从投机性合作行为形成的前因构型来看，经过研究发现有4条路径会促使投机性合作行为的产生，对不同路径进行对比发现不同变量之间的替代性关系。

五、小结

本章基于我国不同行业进行调研后获得的312份调研数据，从协调性合作行为和投机性合作行为两个维度对其行为形成的前因构型进行剖析，发现不同类型行为形成的不同路径，以产生不同路径间的结果等效性，而且对不同变量间具有替代性的变量进行分析，对于后续企业网络合作行为的演化与治理具有重要的基础性和导向性。

第五章

企业网络合作行为的演化机制

在企业网络合作行为静态分析的基础上，加入时间维度后会发现网络内成员会随着时间的推移在价值分配维度的投机性合作行为和价值获取维度的协调性合作行为之间不断的权衡和博弈，直到达到稳定状态。本章从网络整体层面来看，将网络内成员依据其自身能力以及网络位置等因素的影响赋予不同的角色，根据网络合作的不断发展，网络成员会改变其决策，表现为不同维度的合作行为，并进一步通过对网络整体层面合作行为动态演化过程中的内在决策机理进行深入剖析。

一、企业网络合作行为的动态研究框架

（一）网络权力配置研究的必要性

企业网络由于其强大的网络效应而成为现代企业获取竞争优势、保持旺盛生命力的不二选择，但是众所周知的是企业网络是网络效应产生的必要而非充分条件，据调查可知企业网络产生网络效应的一个根本原因是源于不同企业间的互补性资源（Dyer and Singh，2018），即每个企业都存在其他企业难以模仿和学习的核心资源，这些资源组合后会产生巨大的能量，刺激网络效应的出现，但是研究发现只有互补资源并不一定会产生网络效应，可能还需要专用性资产等相关资源进行投入（注：上一章已做讨论），而且每个企业不仅可以自己选择是否对专用性资产进行投入，而且可以自由选择进入或退出该网络，但是如果对专用性资产进行投资的企业可能会由于"套牢"问题而成为其退出网络的障碍，其中专用性资产包括有形的技术、物质资产

和无形的知识等资产，而且从企业网络合作行为形成的构型可得知，除了专用性资产外任务复杂性、不确定性、网络权力、组织间信任、互补性资源和合法性等都在不同程度上对其合作行为的形成具有影响力，但是在其合作行为的演化中由于合法性、任务复杂性和互补性资源在网络合作形成后对其合作博弈过程影响作用不大，所以本部分的演化过程主要考虑网络权力、组织间信任以及专用性资产等几个方面。

从已有的相关理论和上文对企业网络合作行为形成的内在机理进行分析发现，无论是对于协调性合作行为还是投机性合作行为，网络权力配置都是其合作行为形成的关键影响因素。然而大部分学者主要从宏观尺度研究权力配置在企业网络建立、发展和升级中的作用，缺乏从微观尺度研究权力配置和网络内合作行为的动态决策过程进行深入分析。有学者认为企业网络中权力配置适当而有效，合作者必将愿意积极参与合作，反之则会貌合神离（孙国强，2016）。网络权力对合作关系的形成和合作关系的深度具有重要的影响，而且在网络内具有较大权力的参与者可能会为了维护其网络地位，妨碍网络内成员的进一步合作（Knhkonen，2014）。但是如果网络内的核心参与者能够给网络内其他参与者提供技术或资金等支持，会提高其他参与者对该核心节点的信任度，还会进一步促进企业间合作行为的默契性（Dacin，2007）。当然也有学者从权力的强制性角度对网络权力进行探讨，认为网络内核心企业的强制性权力会抑制网络成员的合作，加剧企业间的竞争行为，而非强制性权力会促进合作行为的产生，但是如果网络内参与者之间如果具有较高程度的信任时，他们之间的关系能力较强，这种情况下核心参与者的强制性权力与非强制性权力都会促进合作行为的产生（谢永平等，2014）。

此外，网络权力不仅会影响网络参与者之间的合作行为，还会对其他参与者与核心参与者之间的信任程度产生影响。如果企业间存在组织间信任，合作企业会更关注网络整体的价值创造，进一步提高网络参与者之间的合作效率（Parkhe，1998）。组织间信任会增加企业间合作的灵活性，提高对环境的适应能力，促进网络的高效运行效率（Poppo and Zenger，2002）。信任可以通过多种方式改变合作行为，包括信任可通过消除道德行为，降低合作成本（Ring and Van de Ven，1994；Gulati，1995）；信任会通过提高合作者之间的心理接受度，提高合作效率（Zand，1972）；信任会促进合作与创新（Lorenz，1988）。因此，除受益于降低关系不确定性外，信任可帮助合作者通过技术开发、产品与过程创新来增加交易价值（Zajac and Olsen，1993；

Gulati，1995；Zaheer et al.，1998），甚至组织间信任会通过知识共享来影响创新绩效（谢永平等，2014）。依据结构决定权力的观点，网络结构已定的情况下，权力配置格局基本确定，那么信任度越高节点企业越倾向于合作。

综上可知，学者们从不同的视角对网络权力配置进行了探讨与分析，但是大多数研究还处于初级阶段，研究成果多为不同变量间的相关关系，对相关关系背后的因果关系及其深层次的动态运行机理尚未得到挖掘，所以本书有需要对不同网络权力配置模式下的合作行为进行深入挖掘，现通过模拟仿真的方法去探索合作行为在不同策略选择变化中的动态演化机制。

（二）动态演化分析框架

企业网络内包含大量的同质性和异质性的企业，而且这些不同企业间存在互相的竞争与合作，是一种复杂的松散耦合状态，从网络权力配置的视角来看，没有核心企业的网络处于一种分权式的状态，而有核心企业的网络合作处于一种集权式的状态。不同企业网络由于资源的有限、市场竞争的加剧使得彼此间处于激烈的竞争状态，其中集权式网络内核心企业会通过建立隔离机制等保护性方式防止知识转移或通过治理机制减少网络内的"搭便车"行为，而分权式网络属于一种自组织的状态，需要彼此间的高度信任以及企业间的自律行为来维护该网络的竞争优势。所以企业网络的竞争优势以及企业间的合作行为是网络内成员长期博弈的结果。

鉴于此，本书首先根据已有研究成果将网络权力配置模式分为集权式网络和分权式网络，其中集权式网络假设一个网络内只有一个核心企业，而分权式网络假设所有企业都为非核心企业，本书将其做同质化处理。其次，对两种不同的权力配置模式分别进行演化博弈分析，为企业网络合作行为的治理提供基础。最后，本书基于此逻辑提出动态演化研究的框架，如图 5 - 1 所示。

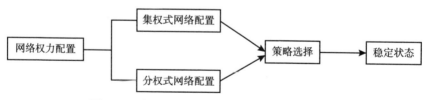

图 5 - 1　企业网络合作行为的动态演化分析框架

二、企业网络合作行为的博弈模型与假定

本书基于已有研究将网络权力配置分为集权式配置和分权式配置，对不同权力配置模式下企业网络合作行为演化模型进行假设和设定。

(一) 博弈模型

1. 分权式配置下的公共品博弈模型

公共品博弈中存在 N 个参与者，每一个参与者 i 都可以选择对公共池塘进行一定的专用性资产投入 q_i，总的投入 $\sum_{i=1}^{n} q_i$ 会由于网络效应使得关系租金增加，具体表现为乘以一个收益乘数 k_1，其中 k_1 的取值范围为 (1，n)。扩大后的收益会在所有参与者之间进行平均分配，不同的策略组合形成不同的收益水平。参与者 i 的最终收益 U_{ip} 可以通过计算得知：

$$U_{ip} = \frac{k_1 \sum_{j=1}^{n} q_j}{n} - q_i \qquad (5-1)$$

通过式 (5-1) 的计算可获取每个个体的收益，再对不同个体收益进行求和运算就能得到总体的收益，其公式表示为：

$$U_p = \sum_{i=1}^{n} U_{ip} = k_1 \sum_{j=1}^{n} q_j - \sum_{i=1}^{n} q_i \qquad (5-2)$$

对式 (5-1) 和式 (5-2) 分别进行求导可得：$\frac{dU_{ip}}{dq_i} = \frac{k_1}{n} - 1 < 0$ 和 $\frac{dU_p}{dq_i} = k_1 - 1 > 0$。因此可知个体投入和个体收益具有负相关性，会促使个体投入的越少越好，然而个体投入和集体收益的正相关性促使个体投入越多越好，体现出个体理性和集体理性的冲突性，由此形成社会困境。

2. 集权式配置下的博弈模型

当企业网络权力配置存在核心企业时，鉴于核心企业与非核心企业在企业网络内网络权力的非对称性，本书基于不同核心企业对网络权力的不同态度将核心企业实施策略分为：核心型策略即核心企业具有较大权力，愿意投入专用性资产而且在价值分配方面愿意与别的非核心企业获取同等的平均收益；支配型策略即核心企业具有较大权力，愿意投入专用性资产但是在价值分配上必须获取大于平均收益的收益；坐收其利型策略即核心企业拥有较大

网络权力，但是不愿意投入专用性资产还要获取等同于别的网络成员的平均收益。而非核心企业面对核心企业的不同决策时，会选择投入专用性资产、不投入专用性资产和选择不合作（离开此网络）3 种决策。

其中每个网络成员都会选择是否对专用性资产进行投资，投入为 q，在公式中用 imput，不投入为 0，由于其权力配置不同，所以核心企业与核心企业对专用性资产的投资量不同，核心者投入 > 非核心参与者企业的投入，非核心企业的投入量默认为 1，信任影响值是指基于网络权力的不同核心企业实施不同的决策会影响非核心企业对其的信任，而较高的信任度会增加网络效应的收益乘数，此外核心企业会基于其不同的决策选择是否对其成员中的搭便车者实施惩罚，而且实施惩罚会有惩罚成本，其成本由所有其他成员承担。得出其合作者和背叛者的收益函数以及博弈数如图 5 - 2、图 5 - 3 所示。

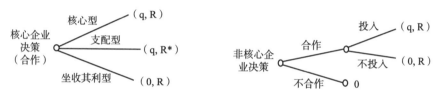

图 5 - 2　核心企业投资决策收益　　图 5 - 3　非核心企业投资决策收益

注：合作者的收益 =（合作者数量 × 合作者投入（默认为 1）+ 核心的投入）×（收益乘数 + 新人影响值）/（合作者数量 + 背叛者数量 + 核心所得）- 1 - 惩罚的成本；背叛者的收益 =（合作者数量 × 合作者投入 + 核心的投入）×（收益乘数 + 信任影响值）/（合作者数量 + 背叛者数量 + 核心所得）- 罚金 。

（二）理论假定

1. 分权式配置下的合作行为假定

由于企业网络如同公共池塘一样，网络内成员同时对公共池塘内进行投入，并通过网络效应获取更大的收益，而且所有网络成员将对网络总体收益进行平均分配，这样会出现不投入而获得平均收益的"搭便车"者出现，产生网络整体收益与个体收益之间的困境，与公共品博弈不谋而合，所以本书假定企业网络内成员对专用性资产的投资属于公共品博弈的范畴。

2. 集权式配置下的合作行为假设

有学者通过从公共渠道收集大量的资料，并对数百名管理人员进行访谈调研后发现，绝大多数网络中都出现了一个广泛联结着的中心节点。换句话说，几乎所有这些系统都拥有某种类型的核心力量，或许是嵌入到该系统中的某一部分，或者是普遍得到认可的协定、规则或目标。这些核心力量通过联结关系的调控，以及通过创造其他网络成员所依赖的稳定且可预见和管理的平台，增进了整个网络系统的稳定性、可预见性及其他衡量健康状况的指标（王凤彬，2004）。然而传统合作演化的经典理论都隐含着系统中个体间相互作用对称性的前提假设，即相互作用个体间的"地位"或"角色"都是对等的，而且可以互换，但是越来越多的实证研究表明合作系统的参与者之间几乎都存在着不同程度的非对称相互作用。

所以本书首先假定网络内企业为同质性企业，根据企业的不同决策进行演化，然后将企业网络内成员根据其权力不同分为核心企业和非核心企业进行网络演化博弈。认为核心企业与非核心企业处理信息不对称的状态，在网络内核心企业相较于非核心企业对环境变化的洞察力更强、获取信息的能力也更高，同时控制力也更强，在网络中具有重要的网络地位，更关注网络整体的健康发展。因此，本书假定在网络内核心企业的决策具有主观性，不会随时进行改变，而且当网络内存在多个核心企业，不同核心企业可能会实施不同的决策，而且非核心企业会根据核心企业的决策以及周围邻居的决策从而对其行为策略进行相应的调整。

3. 学习和迁移能力的假设

本书假设企业网络内成员都具有学习能力和迁移能力。网络个体改变自身收益只能进行两种选择，一种是进行决策转变，另一种是进入或退出网络。而在演化博弈中，决策转变是通过决策复制所实现的。演化博弈起源于生物学，其设定具有演化优势的个体数量会增加，而不具有演化优势的个体就会逐渐消亡。在应用于其他领域时就表现为不具有演化优势的个体向具有演化优势的个体学习，同样形成不同种类个体数量的增加和减少。因此，网络个体决策转变依赖于个体的学习能力。相应地，网络个体进出网络依赖于个体的迁移能力。

在同一个环境当有多个企业网络同时存在时（现实中同时存在无数多个企业网络，这样更符合现实情境），才能体现学习能力和迁移能力高低的影响，即多个围绕网络的公共品博弈空间共存时，企业网络个体不只能够在自身所处的网络内进行决策学习，还能实现跨网络学习，而跨越的"距离"就体现个体学习能力的高低。同样，网络个体进行决策转变所实现的

"距离"也能体现个体迁移能力的高低。在此的"距离"具体表现为在空间公共品博弈中节点的空间距离。所以将网络中的所有个体放置在一个大小为 M×N 二维规则的网格中，每个个体都只能占据一个位点且每个位点都有一个个体占据。此外，假定每个个体只与其周围的 8 个邻体发生相互作用（考虑周期边界条件，此时种群中个体间的相互作用可分为两类：不同类型个体间（强者和弱者）的交互和同类型个体间（强者与强者或弱者与弱者）的交互）。

4. 决策转变的假定

设某一企业网络内存在若干个核心企业和若干个非核心企业，其中核心企业集合为 M，$M \in (x_1, x_2, \cdots, x_m)$，非核心企业集合为 N，$N \in (x_1, x_2, \cdots, x_n)$，鉴于核心企业具有比非核心企业更大的权力以及非核心企业地位的非对称性，本书在公共品博弈中企业为同质性，其决策主要分两种：投入专用性资产和不投入专用性资产；在网络演化博弈中将核心企业的策略选择（行为表现）包括核心型、支配主宰型和坐收其利型，非核心企业的策略选择为共促型、投机型和不合作，因此核心企业与非核心企业分别有 3 种决策。

（三）企业网络合作行为的策略分析

本书利用 Matlab 软件进行模拟，在同质化网络（分权式网络）中网络成员都与其周围邻居进行博弈，并根据邻居的收益选择进行学习或迁移策略。在网络演化博弈中设定每个参与者分别占据一个空间节点，具有空间异质性，参与者由于空间的限制只与其最近邻进行公共品博弈，通过多次博弈的收益求和形成自身最终收益。基于参与者的最终收益能进行决策演化，其演化过程符合费米更新的设定：参与者 x 随机选取一个邻居 y，以费米函数设定的概率 $p(x \rightarrow y) = \dfrac{1}{1 + e^{(u_x - u_y)/k}}$ 进行决策转变，因此能体现蒙特卡洛模拟的随机过程。其中：u_x 和 u_y 分别为参与者 x 和 y 的收益；参数 k 体现系统噪音。当决策所占比例处于动态稳定时就实现了均衡。

三、企业网络合作行为演化的模拟仿真

在网络演化博弈中运用二维正方格代表异质空间位置，每个参与者能够占据其中一个格点，然后与占据临近格点的"邻居"进行公共品博弈，多

次博弈收益之和就是该参与者的最终收益。对企业网络进行空间演化及均衡分析之前，需要对代表空间位置的正方格进行空格点的设定，其中空格点数量的多少决定着企业网络的密集程度。当空格点数量过多时，就会存在大量的参与者没有最近邻居，对其进行公共品博弈分析没有意义，因为不存在其他参与者"搭便车"的可能，采取合作决策就是必然的选择。在网络演化博弈中参与者与空间格点并不一定是一一匹配的关系，通过设置空格点为参与者进行位置移动提供了可能，更符合现实的设定。

除了空格点外，其余的有色格点分别代表着不同类型的参与者，由于核心参与者在网络中具有较大权力，所以具有较好的网络位置，而且其决策不会随着非核心决策的改变而改变，所以网络演化博弈中假定实施不同决策的核心参与者同时存在于网络中，而且都处于不同小群体的核心位置，其余非核心的各个参与者初始位置的选取是完全利用随机过程实现的。参与者通过与临近格点进行公共品博弈获取最终收益，收益水平越高的参与者越具有演化优势，再利用费米随机过程就能实现企业网络的演化。

企业网络中的参与者改变自身收益只能采取两种选择，一种是进行决策转变实现学习，另一种是进行位置转变实现迁移。当参与者能够选择学习时，该参与者的学习能力就是影响演化的关键因素。例如参与者 x 的学习能力为 a 时，意味着该参与者能和与其距离为 a 的其他参与者 y 进行收益比较，参与者 y 的收益 u_y 越高，x 就有越大的概率转变决策；反之若 x 自身的收益 u_x 更高，决策转变的概率就越小。其中转变的概率采用费米函数设定 $p = \dfrac{1}{1 + e^{(u_x + u_y)/k}}$，k 被称为噪声，作为干扰因素而存在。而当参与者 x 能够进行迁移时，决定迁移能力的参数 b 就是其关键因素。通过把参与者 x 的收益 u_x 与该参与者迁移之后的收益 u_z 进行比较决定是否进行迁移，迁移的概率同样也采用费米函数的设定 $p = \dfrac{1}{1 + e^{(u_x + u_z)/k}}$。基于参与者的学习行为和迁移行为就能实现企业网络随时间的演化，当企业网络中各类参与者的总数都不再随时间发生大的变动时就认为达到了动态均衡。

（一）分权式配置下的仿真分析

初始状态时，假设所有参与者为同质性的企业，该网络为对称型网络，假设二维正方格的总边长 $\angle$ = 50，单位为毫米（mm）密度为 0.8，其中每个企业与其相邻的 8 个企业进行博弈，初始状态下每个企业都会选择是否进行专用性资产投资，k_1 为与邻居进行博弈后的收益乘数，time = 60 为稳定状态时需要经过 60 次模拟，以确保出现稳定状态，study = 1 表示学习的距离为 1，move = 1 表示迁移的距离为 1，Level = 0.8 为学习的概率为 0.8 和迁移的概率为 0.2。具体的初始仿真状态为根据参数随机出现的示意图，结果如图 5 - 4 所示。

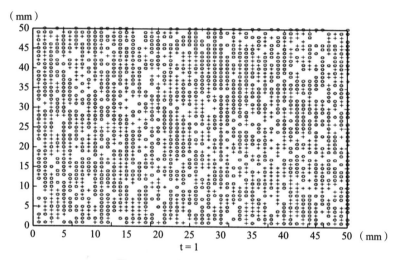

图 5 - 4   网络演化博弈初始状态

注：图中"＋"字符号代表一个合作者，"○"符号代表一个背叛者，每一个十字或圆圈代表一个企业。

本书的空间演化采用异步蒙特卡洛模拟的方法，即先后随机选取参与者进行费米随机过程，如果所有的参与者都进行过一次随机过程实现了学习或迁移，就认为完成了一次蒙特卡洛模拟，仿真时间 t 随之加 1。当仿真时间 t 足够大之后，各类参与者的数量随着时间的变化呈现平稳的趋势，此时我们认为达到了演化的均衡。通过观察可知 t = 60 时就表示 t 的取值足够大，此时各参与者的数量就是其空间演化的均衡数量。

图 5 - 5 是通过选取 4 个近似等间隔的时间节点仿真图作为子图汇总所得，基于这 4 个子图就可构思出企业网络合作行为的具体演化过程，结合图 5 - 6 的各类参与者数量变化趋势图可确切得知在分权式网络配置模式下

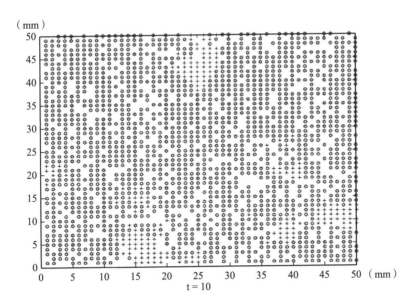

t = 10

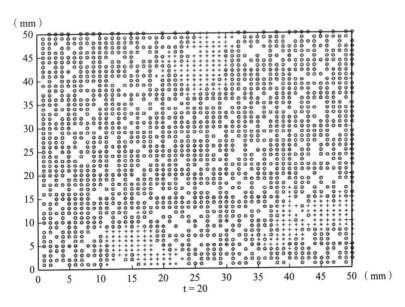

t = 20

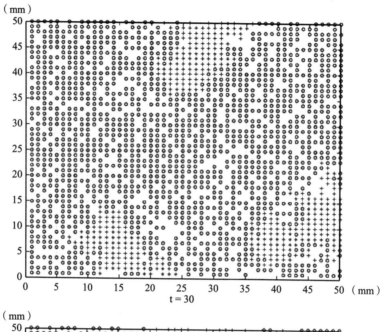

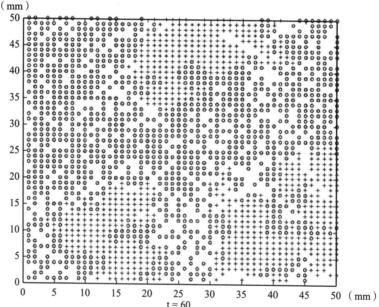

图5-5 企业网络合作行为空间演化的时空斑

注：图中"+"字符号代表一个合作者，"○"符号代表一个背叛者，每一个十字或圆圈代表一个企业。

企业网络空间演化过程中各类参与者总数随时间的动态变化趋势。分别对
每个 t 的状态及决策变化进行描述。在 t∈［1，10］时，相比于 t=1（见
图 5-4）时的初始状态，合作者（十字）、背叛者（圆圈）都出现聚集的
迹象，而且背叛者的数量增多，合作者的数量减少，说明背叛相比于合作
具有演化优势，当 t=20 时合作者逐渐聚集形成集群状态，当 t=30 时，
发现合作者形成的集群逐渐增大，说明 t∈［20，30］时，合作者具有演
化优势，当 t=60 时，合作者聚集现象越发明显，而且集群的规模也越发
扩大，形成稳定的状态，所以说明 t∈［30，60］时，所有参与者的决策趋
于稳定状态。

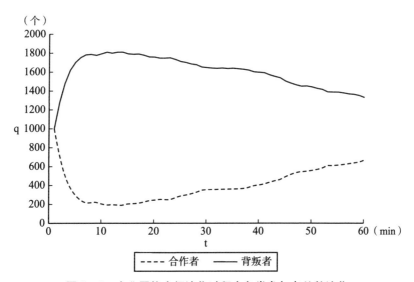

图 5-6 企业网络空间演化过程中各类参与者总数演化

进一步对其不同参与者的网络效应进行探讨与分析，如图 5-7 所示，
发现从网络收益来看合作者与背叛者相比合作者具有优势，合作者的收益随
着时间的不断推进处于上升的趋势，而且明显高于背叛者的收益，所以在分
权式网络配置模式下随着时间的不断演进集群模式越来越明显，企业网络的
优势越发明显，充分说明相对于市场而言网络模式更具优势，也充分验证了
现阶段企业网络化模式的适应性。

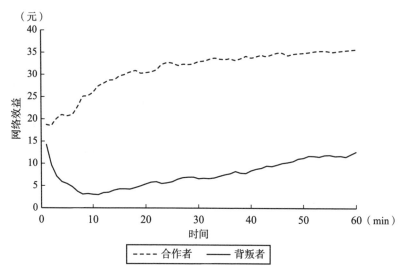

图 5 - 7　企业网络空间演化过程中不同时间点的网络效应

（二）集权式配置下的仿真分析

在集权式配置下的企业网络中，基于不同参与者网络权力的差异，本书将参与者根据其权力大小，分为核心参与者和非核心参与者，其中核心参与者在现实中或许由于其网络位置或专用性资产的投入或者企业规模较大实力雄厚等原因居于网络的中心，而且假设每一个网络只有一个核心企业，且多个网络同时存在，为了便于进行研究，我们不同网络内的核心企业实施不同的决策，所以本书设定在 L = 40 × 40 的二维方格中，分成 4 个 20 × 20 的小方格，其中 3 个核心企业分别实施 3 个决策中的其中 1 个，而且假定核心企业不改变其决策，空白部分为没有企业的空间，但是非核心企业可以选择移动到空白处，其中有核心决策的 3 个小方格中合作与不合作通过随机选择形成，其中密度为 0.8，k_1 为与邻居进行博弈后的收益乘数，k_2 为企业网络整体的收益乘数，time = 40 为稳定状态时需要经过 40 次模拟，以确保出现稳定状态，study = 1 表示学习的距离为 1，move = 1 表示迁移的距离为 1，Level = 0.5 为学习的概率为 0.5 和迁移的概率为 0.5。具体的初始仿真状态为根据参数随机出现的示意图，结果如图 5 - 8 所示。

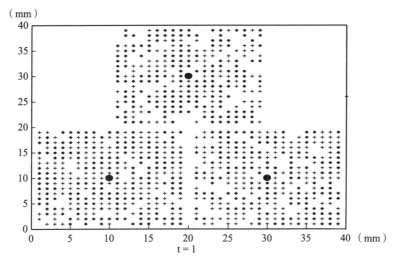

图 5 - 8　网络演化博弈的初始状态

注：图中表示三个企业网络同时存在的状态，其中大圆点代表核心企业，其中左下方的核心企业实施核心型策略，右下方的核心企业实施支配主宰型决策，中上方的核心企业实施坐收其利型决策，同样"十"字符号代表合作者，"米"字符号代表背叛者，每一个节点代表一个企业。

　　此外，当核心企业实施不同的决策时，代表对网络权力不同态度的表现，当核心企业实施核心决策时，表示核心企业面对群里的"搭便车"者愿意实施惩罚以改善网络整体环境，提升网络竞争力，而且核心企业实施该策略后群里内非核心参与者会增加对核心企业的信任度 R1，进一步提升整体网络效应；而核心企业实施支配型的策略时面对群体内的"搭便车"者，也同样愿意实施惩罚并承担承担成本，但是鉴于其对价值分配的过多关注，非核心企业会提升对其信任度 R2，但是 R2 < R1；当核心企业实施坐收其利型决策时，核心企业面对群体内"搭便车"者不会实施惩罚，不关注其群体环境，只专注其价值分配，所以非核心参与者会降低对核心参与者的信任度 R3。所以设定坐收其利型参与者的专用性资产投入为 0，获取收益为平均收益，核心型参与者和支配型参与者的投入为 q，核心型参与者获得的收益为平均收益，支配型参与者获得的收益为 2q，信任度为 R2 = 0.2，R1 = 0.1，R3 = −0.1，惩罚成本为 1，罚金为 2，学习能力和迁移能力分别设定为 1。

　　本书的空间演化采用异步蒙特卡洛模拟的方法，即先后随机选取参与者进行费米随机过程，如果所有的参与者都进行过一次随机过程实现了学习或迁移，就认为完成了一次蒙特卡洛模拟，仿真时间 t 随之加 1。当仿真时间足够大之后，各类参与者的数量随着时间的变化呈现平稳的趋势，此时认为达到了演化的均衡。通过观察可知 t = 40 时就表示 t 的取值足够大，此时各参与者的数量就是其空间演化的均衡数量。

图 5 - 9 是通过选取 4 个近似等间隔的时间节点仿真图作为子图汇总所得分别对每个 t 的状态及决策变化进行描述，结合图 5 - 10 中同类型参数者数量的变化趋势可知在集权网络配置下企业网络空间演化过程中各类参与者总数随时间的动态变化，发现从合作者与背叛者在整个图中的数量的发展趋势大致变化比较平稳，但是不同网络内合作者与背叛者的数量发生较大的变化。在 t = 10 时，相比于 t = 1（见图 5 - 5）时的初始状态，坐收其利型决策的核心参与者周围合作者一部分到核心型和支配型决策的参与者周围，一部分从合作者变为背叛者，核心型和支配型两个参与者周围相较于图 5 - 8（t = 1，初始状态）没有明显的变化，在 t = 30 时，说明 t ∈〔10，30〕合作者的数量略微减少，背叛者的数量略微增加，但是方格图上没有明显的变化，t = 40 时，空间演化趋于稳定，说明 t ∈〔30，40〕合作者数量开始明显增加，背叛者数量开始减少，而且明显核心型企业决策的参与者周围出现合

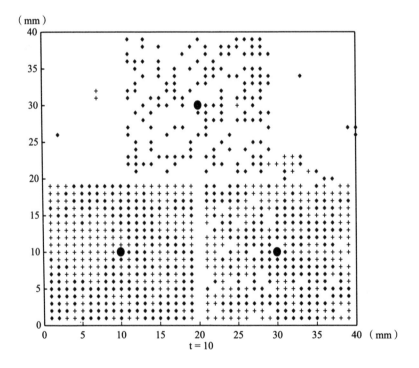

t = 10

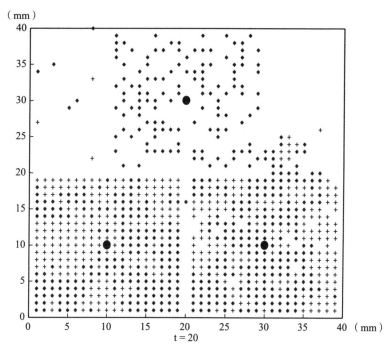

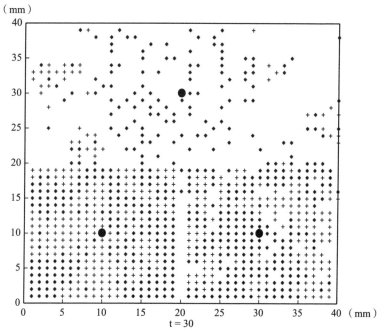

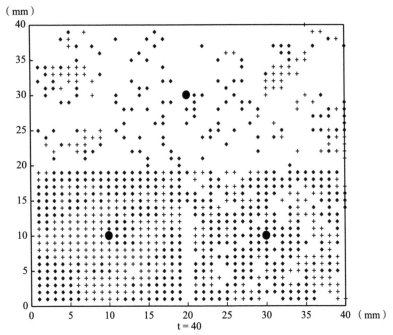

图 5-9 企业网络合作行为空间演化的时空斑

注：图中每一表示三个企业网络同时存在的状态，其中大圆点代表核心企业，其中左下方的核心企业实施核心型策略，右下方的核心企业实施支配主宰型决策，中上方的核心企业实施坐收其利型决策，同样"十"字符号代表合作者，"米"字符号代表背叛者，每一个节点代表一个企业。

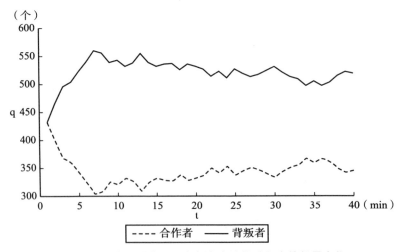

图 5-10 企业网络不同参与者在演化过程中的数量变化

作者聚集的现象，支配型核心企业参与者周围合作者开始减少，而且合作者从支配型网络向核心型网络转移。在获取到企业网络的空间演化之后，通过调整参数和参数 x 的取值可分析学习能力和迁移能力对演化均衡的影响。

　　进一步对集权网络配置模式下核心企业实施不同策略选择时，对不同参与者的网络效应进行探讨与分析，结果如图 5－11 所示，发现从网络收益来看核心型策略的总收益 > 支配型策略的总收益 > 坐收其利型策略的总收益，而且核心型策略的总收益与支配型策略的总收益整体基本趋于稳定的态势，而坐收其利型策略的总收益整体趋于不断下降的趋势。深入对其原因进行挖掘发现，如果从集权网络权力配置与分权网络权力配置对合作行为的影响进行对比，显然集权式相较于分权式而言更具有优势，但是也并不意味着权力越大越好，针对网络权力对合作行为的影响，已形成较为丰富的研究成果，例如孙国强等（2016）基于结构影响权力、权力影响行为的逻辑出发，从实践调查的角度对网络权力配置进行实证研究，发现无论从能力观、关系观还是依赖观来看，网络权力的配置都会引起网络资源的分配不均匀，其中核心企业具有引导和带动作用，非核心企业主要跟随核心企业，为辅助性作用；魏龙和党兴华（2017）从知识权力和结构权力两个维度对网络权力进行研究，发现知识权力对创新网络的正常运作具有内部推动性，结构权力对创新网络的健康发展为外部拉动力的作用，两者相结合共同促进网络组织的协调性合作行为；肖尔等（2015）将网络权力作为网络合作的治理机制，认为该控制机制能够促进组织间学习的规范化，降低合作的不确定性风险；吴松强等（2017）基于对企业数据进行调查，并将网络权力从核心知识权力、地位权力、感召权力几个角度进行实证研究发展都与企业合作行为呈正相关关系。网络权力作为影响网络节点行为的重要因素，尤其在实践中网络权力的大小直接影响其在网络中的合作地位，而且网络成员间节点权力的不对称或网络地位的差异进一步产生了互动行为，进一步影响网络组织的有效运行与其网络绩效。

　　但也有学者认为网络权力与合作行为之间存在着阈值效应，当网络中核心企业拥有绝对权力时，确实有助于避免冲突，协调并促进网络运行，但是也可能令网络成员产生逆反、抵触心理，导致投机性合作行为的形成。例如有学者（Dicken，2007）通过调研发现在企业网络内核心企业会不断地使用各种方法来维持已存在的权力关系，而非核心企业则会持续想要突破现有的权力关系，提升自身企业网络地位的欲望。而本书却发现不同权力配置下对合作行为的影响不在于其权力的大小，而与不同核心企业实施的策略具有重要的关系。

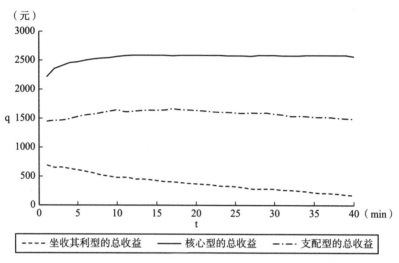

图5-11 企业网络中核心企业实施不同策略时网络的总收益

四、企业网络合作行为的演化结果分析

网络权力作为网络参与者之间协商、谈判过程中的控制力和影响力，在学术界普遍认为拥有网络权力的企业往往具有一种潜在的特权，或者也可认为拥有较大网络权力的权力能够支配和控制其他非核心企业。本书从网络演化博弈的视角对不同权力配置下合作行为的演化进行模拟仿真，发现不同的权力配置模型对合作行为具有不同的影响意义。其研究结果主要从以下几方面来体现：

第一，在分权式配置下，企业网络为对称性网络即网络成员所拥有的网络权力是对称的，每个参与者都拥有相同的权力，每个参与者可以自己决定是否对该网络投入专用性资产，而且可以决定参与或者退出该网络，但是由于企业网络强大的网络效应，所以在公共品博弈中通过演化后发现，企业网络成员随着时间的推移出现明显的聚集现象，充分说明在分权是网络配置下，对于每个参与者的备选策略中合作为占优策略，合作者出现集聚，背叛者也出现集聚，形成一种"物以类聚，人以群分"的状态。

第二，在集权式配置下，本书假设整个行业网络中存在多个核心企业，每个小型企业网络存在一个核心，而且在行业层面上每个核心企业基于对网络权力的不同态度而实施不同的决策，非核心参与者基于不同的核心决策以及自身的学习以及迁移能力来选择自身的决策。仿真结果发现随着时间的推移核心型企业参与者周围出现大面积的合作者集聚的现象，说明当核心企业实施核心型决策时，合作策略为占优策略，而坐收其利型参与者周边多为背叛者，也有部分初始状态的合作者转变为背叛者，表面在坐收其利型策略下背叛为占优策略，支配型策略周围存在一些合作者和一些背叛者，各自形成自己的集聚。

总之，尽管现有研究发现权力的运用是一把"双刃剑"（Ahituv and Carmi，2007），网络权力与网络绩效之间存在阈值效应，当网络中核心企业拥有绝对权力时，确实有助于避免冲突，协调网络运行，但是也可能令网络成员产生逆反、抵触心理，不利于网络效应形成。但是本书发现网络权力并不是直接对网络绩效进行影响的，其"双刃剑"不在于权力的大小，而在于核心参与者面对网络权力时所实施的策略，策略不同会影响非核心参与者的行为，进一步影响网络效应。这样在权力研究从宏观考察向微观运作过程转变的背景下，虽然学者们开始关注权力配置对合作企业行为的影响，但关于网络权力对企业行为的影响路径不够清晰，对企业微观行为影响宏观合作网络的跨层研究也有所不足。此外，与权力相类似的是网络权力也具有不可自觉性和膨胀性两个基本属性，所以如果没有外在约束或外部制衡，网络权力拥有者本身不会良心发现，而且会越发膨胀最后自我毁灭。所以在企业网络组织研究由"宏观结构"转向"微观行为"的大趋势下，能够为行为引导与治理提供清晰的分析框架，也为创新性研究提供了重要机遇。

五、小结

本章基于价值创造和价值获取理论，从动态的视角对企业网络合作行为的动态演化过程进行模拟仿真分析，以探索其合作行为动态选择决策的内在机理。主要分别对集权式配置和分权式配置两种情况对其合作行为进行模拟仿真，研究发现随着时间的推移企业网络逐渐形成集聚，而且不同权力配置模式对合作行为的影响路径是不同的，网络权力对网络效应的影响不在于其权力大小，关键与其核心企业实施的行为策略有关，这个研究结论对企业网络合作行为的治理具有重要的价值和意义。

企业网络合作行为的治理研究

企业基于自身在网络参与中角色的不同会表现出不同的行为，而这些行为不仅会直接影响到其商业网络的整体性，也决定着企业自身的绩效，而且企业只有立足于创造、利用或者重塑一个健康的网络时，才可能带来强劲而持久的网络效应。本书引入单案例纵向研究法，通过对菜鸟网络相关资料进行整理、分析，对不同阶段企业网络合作行为的演化、发展来构建与不同维度合作行为相匹配的治理机制，并进一步提出治理对策。

一、企业网络的合作行为与治理机制

（一）企业网络的治理机制及其分类

企业网络合作行为的治理机制在于如何进行互动来减轻这些行为带来的风险以确保实现目标、协同效应和资源的有效利用。在企业网络内针对其合作行为带来的风险可以基于投机性合作行为和协调性合作行为两个维度进行说明：一方面，从投机性合作行为的角度来看，企业网络内部基于企业个体的价值获取目标会产生投机性合作行为，严重者甚至会损害网络整体的利益，导致网络解体；另一方面，从协调性合作行为来看，企业网络内部企业间基于价值获取的整体目标进行合作，但是如果对其关注不够或治理不足，会导致网络整体运行效率低下。所以针对企业网络合作行为的治理不仅非常必要而且亟待解决。

从学术界来看针对企业网络的治理机制已有较多的研究成果，例如霍特克和梅尔维特（2009）以德国电信业联盟为例将联盟网络的治理机制分为正式治理机制和关系治理机制，认为正式和关系治理机制的最佳配置取决于联盟所涉及的资产，正式机制最适合于基于财产的资产，关系治理最适合于基于知识的资产。路易和汪（2009）以香港地区的贸易公司与其内地供应商之间的采购关系为样本，从交易成本理论和社会交换理论两个视角验证了资产专用性与合作绩效之间的两种不同解释机制，一方面信任机制促进合作行为的产生，另一方面正式合作能够抑制机会主义行为。霍特克和梅尔维特（2018）从交易成本理论中最显著的专属交易投资、技术不确定性以及绩效模糊性三个交易风险入手对交易中存在的机会主义行为进行治理，将治理机制分为复杂性契约、关系治理机制以及正式治理机制，并认为不同的风险需要与不同的治理机制或治理机制的组合相对应才有效。治理结构作为治理机制的组合，威廉姆森从激励机制、管控机制、适应性以及契约性四个维度对不同的治理结构进行划分。

在现有文献中，信任和关系规范是最常被讨论的两种关系治理类型（Griffith and Myers，2005；Gulati，1995）。信任是指在风险交换关系中对合作伙伴的诚信、信誉和仁慈的信任（Das and Teng，1998），而关系规范是指各方对组织间关系行为的共同期望（Heide and John，1992）。当一段关系中存在高度的互信时，双方都相信对方不会利用任何不利的情况，而且他们更可能考虑对方的利益，而不仅仅只关注自己的利益（Liu et al.，2009）。关系规范提供了一个参考框架，指导公司以预期的方式行事。因此，信任和关系规范都可以减少机会主义，都被视为重要的治理机制（Liu et al.，2009；Poppo and Zenger，2002）。基于此，本书将企业网络合作行为的治理机制分为正式治理机制和非正式治理机制，其中正式治理机制又分为复杂性契约和管控机制，非正式治理机制主要分为信任和关系规范。因而本书认为在企业网络背景下缓解机会主义和实现协调行为的两种常见方法是：使用正式治理机制和/或使用关系治理机制（Martinez and Jarillo，1989）。

1. 正式治理机制

本书将从复杂性契约和管控机制两个角度对正式治理机制进行梳理。其中管控机制作为控制和协调合作伙伴行为和关系产出的非个性化手段（Hoetker and Mellewigt，2009）。典型的例子包括预算计划、成本分解方法和基于文件、记录和报告评估的审计程序（Crosno and Dahlstrom，2008；Hoetker and Mellewigt，2009）。正式的管控机制在支持企业间信息的顺畅流动方面发挥着重要作用。通过提高合作企业的透明度，它们可以让企业更密切地监控合作伙伴的行为，及时发现不寻常的事件或可疑的活动（Das and Rahman，2002）。它们可能允许合作伙伴先发制人，否则可能导致机会主义关系破裂（Hoetker and Mellewigt，2009）。而且，正式的管控机制可能有益于补充其他治理机制。例如，它们提供的信息流的增加有助于监测合同条款的遵守情况（Poppo and Zhou，2013）。当与关系治理机制提供的对关系的更大承诺相结合时，它们对更好协调的贡献可能更有用。

复杂性契约是一种法律契约，规定了合伙人的角色、惯例、权利和义务，并包含详细和正式的操作程序（Arranz and de Arroyabe，2012）。作为一种交易机制，复杂性契约机制提供了法律和制度框架，指导任务的完成，并监控合作伙伴之间的交换。卢等（2015）也发现，更高水平的契约治理在提高建设项目绩效方面发挥着重要作用。复杂性契约机制可以在支持需要对特定资产进行投资的交易方面发挥重要作用。它们创造了一个双方同意的可接受行为范围（Masten，1996）。业务计划、服务级别协议、绩效指数和类似机制可以指定各方的角色、绩效期望和争议解决机制（Poppo and Zenger，2002）。

正式的管控机制通过限制每一方的行动并加强监督，有助于减少潜在的机会主义，限制一方随后未能按照协议履行从另一方收取额外租金的能力（Williamson，1985）。此外，最近的研究还提醒注意正式管控机制在协调联盟伙伴努力方面的作用。梅耶和阿盖雷斯（2004）发现，企业包括了关于交付日期的条款和关于系统交互的信息，以使双方之间的信息流更好，避免协调失败（Mayer and Argyres，2004）。这种事先安排通过增强各方行动的可预测性和构建通信流来实现协调（Gulati and Sytch，2005）。

复杂性契约机制的成本通常发生在企业网络合作之前和合作中（Dyer and Chu，2003）。在网络成立时，各方将承担谈判和设计将要使用的机制的费用。在网络合作过程中实施这些机制将要求各方收集和汇编信息，准备和交付文件，并作为这些文件的接收者，审查和评估所提供的信息（Williamson，1985）。然而，缺乏法律的可执行性限制了正式治理机制的有效性，这意味着它们本身可能不足以遏制投机性合作行为。如果没有法律制裁或激励措施来维持这种关系，仅靠管控机制就不太可能约束合伙人的投机性行为。在机会主义先发制人的情况下，如果没有什么能激励各方朝着这个目标应用机会主义，那么协调的便利性就会失效。

2. 非正式治理机制

本书所指的非正式治理机制主要是指关系治理机制。关系治理机制泛指加强信任和社会认同的机制（Dyer and Singh，1998；Martinez and Jarillo，1989），包括信任和关系规范。关系治理机制通过伙伴组织间的相互作用来加强信任和社会认同的建立（Dyer and Singh，1998）。这些基于社会的控制和协调手段鼓励开放的交流和信息共享，这反过来又增加了对网络合作的承诺（Lee and Cavusgil，2006）。尽管它们缺乏合同的法律可执行性，但关系治理机制在应对高资产专用性和高技术不确定性的组合方面具有显著的优势。在企业网络合作中，随着时间的推移，员工之间的密切互动增加了他们的个人依恋和社会认同（Hoekter and MelLeigigt，2009），在坚持合作的过程中建立了共同的兴趣（Poppo and Zgen，2002），并鼓励各方灵活地适应不断变化的环境（Wathne and Stand，2000）。与契约不同的是，关系治理机制不依赖于潜在的偶然性的预先设定，并且可以更灵活地适应并保持有效性（Ruuer – and Deavak，2015）。即使意外的发展可能会招致机会主义，强烈的社会关系承诺也会鼓励合作伙伴避免机会主义行为，以确保关系的连续性。

此外，关系治理机制中固有的广泛交互作用降低了双方发生冲突的可能性。互动改善了双方之间的沟通和协调，使任务更有可能被适当划分，关键信息将被准确传达（Fichman and Levinthal，1991）。一些研究者从理论和实证的角度关注了企业间信任及其收益（Das and Teng，1998）。例如，信任的好处可以是降低交易成本和增加信息共享。琼斯和利希滕斯坦（2008）认为信任有助于减少交易不确定性，从而降低组织间项目的协调成本。项目环境中基于信任的角色结构已被证明能够提高针对问题和不可预见情况及开发创新解决方案的能力（Bechky and Okhuysen，2011），建立在信任基础上的关系将使企业能够提高创新能力。米勒和马丁索（2015）发现，采购与供应商关系中的关系规范与项目成功呈正相关。类似地，莫里尔（2010）发现，从事跨组织的项目团队成员之间的信任对获得外部知识产生积极影响，进而促进产品创新。因此，当企业之间保持高度信任时，知识、想法和信息可以顺畅地流动，以帮助增强网络的整体绩效。

关系信任机制有助于协调行为的产生，主要通过企业内部人员的相互作用建立信任和关系规范。自愿付出和回报的额外努力建立了信任（Uzzi，1997），对合作伙伴行为的第一手知识提供了有关其未来行动的一些信息（Granovetter，1985）。因此，它能使双方能够在开放沟通和偏爱非机会主义、双赢解决方案的基础上解决冲突（Kale et al.，2000；Powell，1990）。由于这些机制建立了网络成员间合作的信心，即在任何一方都不利用机会主义优势的情况下，意外的突发事件都将得到解决，因此即使这些突发事件不能事先得到解决，企业网络合作也可以继续进行（Powell，1990）。

除了在缓解潜在竞争中的作用外，关系治理机制还支持合作伙伴之间的协调。企业间的反复互动可以促进公司间沟通和协调程序的发展（Dyer and Singh，1998），例如，一种讨论技术和市场问题的共同语言，以及他们的任务环境的共同表现（Gulati and Sytch，2005）。但是，关系治理在时间和资源分配方面带来了相当大的成本（Das and Teng，1998）。此外，越来越多的文献试图通过辩证关系治理机制本身在防止机会主义或协调行为方面并不有效或无效来解决这些矛盾，而是认为它们的有效性取决于它们与存在的交易风险的个体或组合的匹配程度以及其他哪些治理机制也被使用（Poppo and Zenger，2002；Carson et al.，2006）。

（二）合作行为与治理机制的关系

针对企业网络合作关系的发展过程，古拉蒂（2012）从合作伙伴选择、联盟设计以及联盟形成后的动态过程三个阶段对其投机性和协调性合作行为的作用进行说明，萨尔瓦托和鲁尔（2017）延续了古拉蒂的观点，从联盟生命周期的伙伴选择、联盟设计以及联盟形成后的表现三个阶段分别对两种行为进行独立和整合分析，进一步将联盟网络合作行为分为联盟投资决策、联盟类型决策以及联盟设计决策三个阶段。企业网络是一个内在的动态过程，而与企业网络相关联的治理问题可能会随着时间的推移而改变，需要一种动态的治理匹配方法，即治理机制也是动态的（Ness and Haugland，2005），但是，关于企业间合作行为的研究和网络治理的研究仍然处于相对独立的状态，对于网络治理机制如何塑造成员企业合作行为缺乏讨论与分析。本书基于此逻辑认为从协调和投机视角对合作行为进行分析可应用于企业网络整个生命周期的研究，企业网络整个生命周期可以分为两个阶段：合作前的谈判阶段与合作后的动态过程（Gulati，1998），并重点介绍这两种不同的行为在两个阶段中对合作伙伴间关系的形成和发展过程的不同解释。本书将强调这两种行为和治理机制是如何共同演变的，本书提供了对企业网络内合作关系更丰富、更细微的描述性和规范性理解。

由此，假设随着治理机制的实施，合作行为会随着时间的推移而发展，而合作行为结果有两个主要维度：价值创造和价值获取。基于此，本书将治理机制和合作行为联系起来，通过将治理机制和合作行为与过程方法相结合，研究 8 个单元之间的关系如何随着时间的推移而移动，如图 6 - 1 所示。

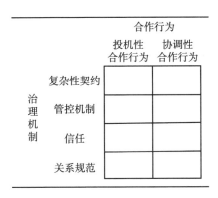

图 6 - 1　治理机制与合作行为

1. 合作行为的形成阶段

在合作行为的形成阶段，企业网络成员更多关注网络整体的价值创造和网络整体目标的实现，因为网络会通过网络效应产生"1 + 1 > 2"的效果，企业通过投入专用性资产和互补性资源等来创造价值，所以谈判阶段首先要先促成合作。因为从协调视角，专用性资产会带来明显的好处，因为它们可以增加合作伙伴之间的相互依赖，从而促进合作；从投机性的角度来看，专用性资产会增加合作伙伴产生投机性合作行为的风险，增加网络失效的可能。所以在合作行为的形成阶段，会鼓励基于互补性资源或信任等因素进一步促进协调性合作行为，关注网络整体的目标，实现整合行为。

2. 合作行为的发展阶段

虽然企业网络的目标在于其网络效应、网络整体价值最大化，虽然对关系创造价值的潜力给予了很大的关注（Buvik and John，2000；Dyer and Singh，1998），但是在合作行为形成后网络成员转移了对所创造价值的关注，转而对企业自身价值获取的关注，价值获取与个体目标的实现和价值诉求相联系，行为者将可能以牺牲合作伙伴的目标（即要求尽可能多的价值）为代价追求自己的目标，以实现最大的经济利益，引发投机性合作行为。

总之，随着时间的推移，不同维度的合作行为和治理机制是否会形成匹配，新的治理机制和新的合作行为是否会不断地被添加到现有的体系中，从而补充而不是取代现有机制的情况下，存在着一种累积的扩张和动态的平衡，以避免或解决特定于解决方案的功能所产生的复杂关系。

二、研究设计

（一）方法选择

本研究旨在对企业网络合作行为的形成以及整个发展过程中不同维度的合作行为以及与之相匹配的治理机制的共同演化进行研究，由于对关系过程的实证研究相当有限，所以本书选择了通过案例研究的方法，并探索一个新的理论视角的有用性。案例研究包括探索性、描述性和解释性案例。由于本书是在相关理论基础上，结合案例材料构建起一个合作行为动态发展过程的解释框架，属于因果解释性案例研究，纵向方法特别适合于研究过程（Van de Ven，1992），这也是案例研究中极为重要的使用方法。在案例数量选择上，本研究采取的是单案例纵向分析，以菜鸟网络为大背景，通过对菜鸟网络的整个发展过程进行展开分析，最终得出与不同维度合作行为相对应的治理机制。所以本书选择通过纵向单案例研究（Yin，2017），以确定一系列随时间变化的事件，以及他们是如何随时间共同演化的。

（二）案例选择

本研究所选取的研究对象是菜鸟网络物流平台及其合作伙伴（快递企业、智能柜企业、仓储企业、菜鸟驿站等）。菜鸟网络是 2013 年阿里巴巴、顺丰、三通一达（指圆通速递、申通速递、中通速递和韵达快递）等共同组建的开放型服务平台。本案例选择的原因包括以下几个：（1）其成立时间相对较短，是数字化智能经济背景下应运而生的产物，其发展轨迹符合相应的生态特征，与合作伙伴的合作过程在不停地动态演变；（2）菜鸟网络与合作伙伴形成长期合作伙伴，符合企业网络的特征，而且在其与合作伙伴的动态演变过程中不仅能够体现价值创造的协调行为，而且菜鸟网络与顺丰大战过程中也体现出价值获取的过程中机会主义行为；（3）尽管本书的研究主题为一般意义上的企业网络，但是菜鸟网络所涉及的事件和问题是任何企业网络合作中都会产生的问题，具有普适性。因此，以菜鸟网络物流平台作为研究对象具有一定的说服力和代表性。

随着互联网和数字经济发展的不断深入，越来越多的企业认识到网络效应的强大威力，菜鸟网络 CEO 也指出，今天的物流不是资源问题，而是没有聚合的订单。我们要做的就是把订单聚合起来，让社会化的服务来支持这些订单。物流要通过聚合，规模发生效应。所以菜鸟网络本着通过"天网 +地网"的模式构建中国智慧物流骨干网络，达到货通天下的目标。本书主要从横向和纵向两个维度对菜鸟网络的具体情况进行概述。

菜鸟网络通过与以天猫为代表的电商平台和以顺丰、三通一达为代表的快递公司进行合作，构建电子商务与物流相融合的信息交流平台，形成驱动中国物流业形成了"1 + 8 + N"全新行业格局。这样不仅能够通过网络效应激活整个物流业，而且可以通过企业间的协调行为搭建一套共享、开放、社会化的基础设施平台，通过自建、共建、合作、改造等多种模式，在全国范围内形成一套开放的社会化仓储设施网络，试图建立物流领域的沟通机制，以提升整个网络在行业内的竞争力。具体合作网络如图 6 - 2 所示。

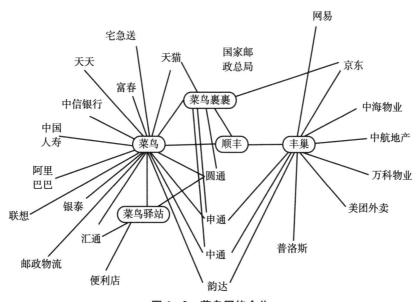

图 6 - 2 菜鸟网络合作

(三) 数据收集

数据收集和分析是案例研究构建理论的核心，也是最不易言表的部分（陈晓萍等，2012）。数据收集方面，本书主要通过将一手资料和二手数据相结合的方法对数据资料进行收集，其中一手数据主要来源于对申通、中通、顺丰等与菜鸟科技集团合作的快递企业内工作人员进行访谈获得，二手数据主要来源于菜鸟网络自 2013 年 5 月成立以来，各公司的官方网站、中国知网以及微信公众号（如物流沙龙、现代物流报以及采购与物流联合会、中国邮政等相关物流业的公众号），甚至还包括新闻报道和国家政策网站等相关网站与之相关的新闻资料。数据分析方面，过程分析应该寻找过程中的模式，揭示在观察过程中形成和驱动任何模式的潜在机制，并认识到归纳应该与演绎同时进行（Pettigrew，1997）。在分析过程数据的一般策略方面，将叙述策略与时间括号策略相结合（Langley，1999）。数据分析包括数据简化、数据显示和解释的开发。

三、菜鸟网络的形成与演化过程

(一) 菜鸟网络的形成阶段

2013 年 5 月 28 日，阿里巴巴集团、银泰集团联合复星集团、富春控股、顺丰集团、三通一达（申通、圆通、中通、韵达）宅急送、汇通，以及相关金融机构共同组成"中国智能物流骨干网"项目，标志着"菜鸟网络科技有限公司"的正式成立。其中天猫投资 21.5 亿元，占股 43%。银泰通过北京国俊投资有限公司投资 16 亿元，占股 32%。富春集团则通过富春物流投资 5 亿元，占股 10%，上海复星集团通过上海星泓投资有限公司投资 5 亿元，占股 10%。圆通快递、顺丰速运、申通快递、韵达快递、中通快递各出资 5000 万元，各占股 1%①。

中国智能物流骨干网项目中物流体系主要由"天网 + 地网"构成，其中天网由天猫负责，负责线上交易的信息处理工作，为各大物流快递公司

---

① 兴业证券交通运输与物流研究. 一文回顾"菜鸟网络"发展史 [EB/OL]. https：//m. si-notf. com/News. html? id = 340086. 2019 - 11 - 25/2020 - 12 - 3.

提供数据对接平台；地网又称为智能物流骨干网，是在线上交易完成后，线下落地配送的一切运营服务工作，主要包括快递、仓配、农村、跨境、末端 5 个方面的布局。其中，智能则以科学的企业系统为支撑，实现高效、协同、可视、数据化的物流企业运营。菜鸟网络科技公司的成立主要通过自建、共建、合作、改造等多种模式以搭建一套共享、开放、社会化的物流基础设施服务平台，并在全国范围内形成一套开放、透明的社会化仓储设施网络，目的是建立物流领域的沟通机制，最终提高物流业的服务水平。

2014 年 5 月 30 日，菜鸟网络科技公司与 13 家物流快递企业共同签署了行业合作框架协议，为携手共同打造物流大数据平台，以巩固长期战略合作伙伴关系，共同推进快递行业与电子商务企业的深度融合、协同发展贡献力量。此次会议中，13 家企业包括中国邮政、EMS、顺丰、申通、圆通、韵达、中通、宅急送、百世汇通、天天、全峰、优速、快捷等。在这个阶段，菜鸟与不同快递企业形成的企业物流网络主要基于自身所拥有的数据和技术资源优势，联合其他物流龙头企业打造物流大数据分享平台，通过帮助物流公司降低运营成本、提升总体快递服务水平和社会物流效率，即通过对快递企业间的协调配合行为以及合作框架协议的构建以达到整个网络的价值创造和整合数据资源、提升核心竞争力的目的。①

（二）菜鸟网络的演化阶段

菜鸟网络科技公司成立的共同目标在于提升行业物流水平，但是尽管马云以及菜鸟负责人多次对其合作伙伴表示，阿里巴巴集团永远不做快递，菜鸟网络的"智能骨干网"建起来后，不会抢快递公司的生意。② 但是这种承诺并没有消除合作伙伴对其的芥蒂，反而在其对网络内成员制定规则时，引起网络成员的极大不满而爆发了以顺丰为代表的非核心企业网络成员和以菜鸟为代表的核心企业的大战。

首先，2015 年 4 月菜鸟网络合作伙伴之一的国通快递因其违反网络合作协议的炒信行为，而受到菜鸟网络的严惩，惩罚其从 5 月 4 日起正式关闭

---

① 物流江湖. 菜鸟网络是如何与小伙伴们合作的？ ［EB/OL］. https：//www. sohu. com/a/20854970_185919. 2015－07－01/2022－11－10.

② 思谋科普组. 菜鸟网络：大数据与物流仓储的完美结合 ［EB/OL］. https：//www. sc-mor. com/view/1488. 2013－12－7/2022－11－10.

该公司的在线下单功能一个月,待其整改后再决定是否恢复服务。① 在这个事件过程中菜鸟网络作为整个网络的核心企业,菜鸟网络希望网络内合作伙伴企业能够共同维护网络环境,为菜鸟网络服务平台的顺利运行提供支持,所以菜鸟网络对于国通快递违反合作中诚信机制的投机性行为做出严厉的惩罚,但是菜鸟公司对这一行为的监管和惩罚不仅没有引起其他合伙企业的支持,反而引起了不少快递企业的不满。

其次,2015 年 5 月 28 日,原本菜鸟公司寄希望于通过在杭州阿里巴巴西溪区举行"菜鸟江湖大会"以更好地促进网络合作的合作效率。② 会议中菜鸟网络 CEO 董文红提出"分层服务伙伴计划",计划通过聚合平台内快递企业的相关信息和数据资源,更大效果地发挥大数据技术的优势实现物流成本下降、配送效率提高、提升综合竞争力,进一步倒逼快递企业升级物流服务质量,以最终达到阿里系电商物流服务水平整体提高的效果;同时平台内的快递企业想要借助菜鸟物流平台的大数据技术提升快递企业自身的物流服务能力。原本菜鸟网络预借助信息平台以及分层服务伙伴计划为网络整体创造价值服务,但是,此次会议中作为快递龙头的顺丰却未出席参与,而且菜鸟网络提出分层计划这一行为又一次激发了其他快递公司对菜鸟的不满,降低了企业间合作的信任,激化了矛盾。

紧接着,2017 年 6 月 1 日,菜鸟与顺丰大战拉开帷幕。菜鸟官方微博发表声明,指责顺丰突然宣布关闭对菜鸟的数据接口。随后,顺丰称信息接口非顺丰切断,而是菜鸟切断了顺丰旗下丰巢快递柜的信息接口,并且阿里系平台将顺丰从物流选项中删除。第二天,其他网络合作伙伴开始纷纷站队,例如腾讯云、京东、网易、美团等企业纷纷表态支援顺丰,这让事件越闹越大,进而引发了社会各界的关注。③

最后,作为国家和物流行业的代表——国家邮政局,本着要讲政治顾大局,寻求解决问题的最大公约数,切实维护市场秩序和消费者合法权益为宗旨,及时召集双方企业高层代表进行协商、沟通。最后在政府部门的参与

---

① PConline 资讯. 菜鸟再出手 国通快递成为第 13 家下线企业 [EB/OL]. https://pcedu. pconline. com. cn/639/6393416. html. 2015 – 04 – 28/2022 – 11 – 10.

② 菜鸟官网. 关于菜鸟 [EB/OL]. https://www. taobao. com/markets/cnwww/aboutus-milestone. 2018 – 08 – 25/2022 – 11 – 10.

③ 中国经济周刊. 顺丰 VS 菜鸟:大数据争夺战 [EB/OL]. http://finance. ce. cn/rolling/201706/13/t20170613_23593782. shtml. 2017 – 06 – 13/2022 – 11 – 10.

下，双方暂时搁置争议，并于 6 月 3 日中午全面恢复业务合作至正常水平。随后，有消息称，双方分歧过大，当时原本商定的和解协议会在 7 月 1 日到期，若仍没有好的解决方案，很可能又将再起风波。直到 7 月 3 日，双方就数据共享合作形成一致意见，该事件就此落幕。①

在此次事件中，国家邮政总局作为行业/国家部门对其高度重视：第一，向社会及时发布消费提示，提醒对部分生鲜农产品快件查询可能造成影响；第二，迅速组织当事双方高层进行沟通交流，强调要讲政治、顾大局、寻求解决问题的最大公约敌，切实维护市场秩序和消费者的合法利益，绝不能因为企业间的纠纷产生严重的社会影响和负面效应。由于邮政局的有效介入，事态得到了迅速的控制，对相关产品并未产生太大影响，但是类似事件还有再次发生的隐患，为此国家邮政局正在就完善电子商务，与快递物流数据保护，开放共享规则开展专项研究。同时，鼓励和引导电子商务平台，希望与快递物流企业之间开展数据交换共享，通过制定完善的数据全生命周期，全链条管理的规则来健全数据管理，形成公平竞争、规范有序、合作开放和高效品质的开放格局，后续还会同有关部门出台相应的管理政策。2018 年 1 月，国家邮政局和商务部为贯彻落实《国务院办公厅关于推进电子商务与快递物流协同发展的意见》②，通过将电子商务与快递数据进行结合建立共享规则，以促进电子商务企业、快递企业等企业间的数据管理和治理能力的提升，提出《关于规范快递与电子商务数据互联共享的指导意见》，《意见》中指出要健全企业间数据共享制度，完善电子商务与快递物流数据保护、开放共享规则，建立数据中断等风险评估、提前通知和事先报告制度。

综合可知，在整个菜鸟网络的合作过程中，电商马云阿里系联合中通、圆通、申通、韵达等快递公司打造"菜鸟"，以整合数据服务平台欲一统物流业的江湖；而物流业的龙头老大顺丰，却不甘蛰伏，另起炉灶，携手腾讯打造"丰巢"，抢占物流配送"最后一公里"的蛋糕。顺丰菜鸟之争，表象是数据之争、服务之争，实质是利益之争、市场之争。菜鸟和顺丰都存在投机性合作行为，主要表现在物流数据安全、快递服务质量和物流信息规范 3

---

① 思谋科普组．菜鸟网络：大数据与物流仓储的完美结合 [EB/OL]．https：//www. sc-mor. com/view/1488. 2013 – 12 – 7/2022 – 11 – 10.

② 国家邮政局和商务部．国务院办公厅关于推进电子商务与快递物流协同发展的意见 [EB/OL]．https：//www. spb. gov. cn/gjyzj/c100015/c100016/201807/d8ffec7afb864f6782f2d3be6a1c44a7. shtml. 中国邮政局官网．2018 – 07 – 27/2019 – 08 – 28.

个方面。有学者认为组织间合作关系的瓦解主要有：过度的法律结构和关系监测、组织方的角色和人际行为之间的冲突、违反信任的条件以及对交易失败的承诺等几个方面。而且国家邮政局作为行业管理部门也指定了相关政策。总之，从菜鸟网络科技公司成立到今天，菜鸟网络的形成过程及其合作行为表现如图6-3所示。

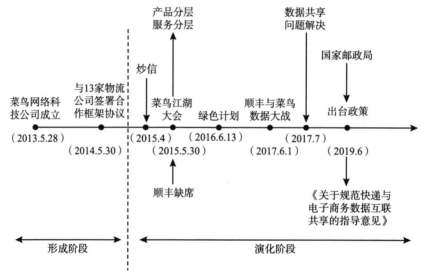

图6-3　菜鸟网络不同企业间合作行为发展过程

四、案例分析与讨论

（一）菜鸟网络合作行为的分析框架

针对企业网络合作行为的治理机制选择这一研究主题，本书对菜鸟网络企业案例的二手数据和访谈资料进行整理后发现，网络成员不同类型合作行为的产生主要源于其战略目标，而且不同的合作行为需要不同的治理机制。菜鸟网络负责人多次在公开场合表示，阿里巴巴集团永远不做快递，菜鸟网络的"智能骨干网"建起来后，不会抢快递公司的生意。① 菜鸟网络的战略

---

① 物流指闻. 菜鸟网络发布新战略与新定位［EB/OL］. https：//www. sohu. com/a/471573446_757817. 2021 – 06 – 11/2022 – 11 – 10.

目标在于通过以数据驱动搭建电子商务物流信息平台以达到价值创造的网络效应①，但其中也包括获取数据而形成的价值获取问题。而作为快递公司的合作伙伴合作战略目标是价值创造，但是如果在网络合作的价值获取方面丧失数据资源，那也就沦为"跑腿工具"，因此每个网络成员都存在协调和投机性合作行为的诱惑，所以治理机制的提出关键在于要与企业网络成员的不同行为相匹配。

根据资料分析和案例启示，本书构建出一个初步的分析框架，如图6-4所示。这一分析框架的核心逻辑在于企业网络合作行为的行为选择，这一行为的产生主要取决于企业网络的不同发展阶段。首先，从菜鸟网络的整个发展过程来看，将该网络发展过程分为网络的形成和演化两个阶段。在网络形

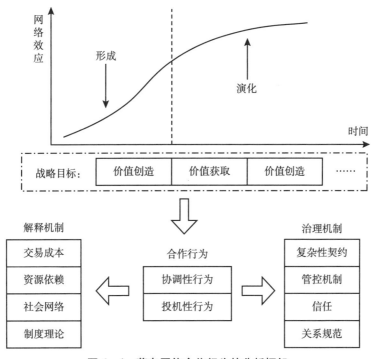

图6-4　菜鸟网络合作行为的分析框架

① 物流指闻. 菜鸟网络发布新战略与新定位 [EB/OL]. https：//www.sohu.com/a/471573446_757817. 2021－06－11/2022－11－10.

成阶段，随着时间的推移，菜鸟科技与不同快递公司之间基于价值创造的战略目标进行协商、谈判，直到菜鸟合作网络正式形成，在这个阶段网络效应不断增加，合作企业间主要表现为协调性合作行为；在网络演化阶段，随着合作的不断发展，网络内合作企业间开始将战略目标转为价值获取，企业间的合作行为逐渐转为投机性合作行为，其网络效应的增长趋势逐渐平缓，随后，为了维持菜鸟网络的正常运营，企业间又转而以协调性合作行为为主。其次，在菜鸟网络整个发展过程中合作行为的选择可以通过交易成本理论、资源依赖理论以及社会网络理论和制度理论进行解释。最后，本书构建起"解释机制—行为选择—治理机制"的分析框架，在主导解释机制以交易成本、资源依赖、社会网络以及制度理论为其行为选择的基础，同时针对不同维度合作行为形成相应的治理机制也非常重要，这些治理机制包括复杂性契约、管控机制以及信任和关系规范等。

（二）菜鸟网络合作行为的形成机制解释

本书通过对企业网络合作行为产生的影响因素以及菜鸟网络单案例的关键构念进行提炼，对于企业网络合作行为产生的前因主要包括交易成本机制、资源依赖机制、社会网络机制以及制度机制等，其中交易成本机制对应的构念主要包括不确定性、任务复杂性和资产专用性，资源依赖机制主要包括互补性资源，社会网络机制包括组织间信任，制度机制包括合法性和网络权力配置等。在企业网络合作行为的形成阶段结合菜鸟网络的案例，网络成员的战略目标主要是网络整体层面的价值创造，在此阶段网络内成员可以通过互补性资源创造价值、可以通过网络合作降低环境不确定性风险，同时也可以通过组织间信任关系的构建提高合作效率等。所以从理论上来看，驱动其网络合作行为产生的机制主要是资源依赖以及交易成本理论。因此，本书提出以下结论：

结论 1： 在企业网络的形成阶段，网络成员的战略目标主要是价值创造，网络内不同成员面临任务复杂性以及外部不确定性等风险，其成员通过投入专用性资产来集聚能量产生价值创造，所以成员在网络形成阶段更多的表现为协调性合作行为。

在菜鸟网络的演化阶段，网络成员基于互补性资源形成资源依赖，但是此时网络成员的战略目标逐渐由网络价值创造转而为价值获取，企业成员间基于网络权力配置的不同以及专用性资产投入的非对称性更多体现竞争性行为，进而产生成员间的机会主义行为，导致价值创造的减少。例如，在菜鸟网络的合作过程中菜鸟科技拥有全部的数据资料，预通过获取数据资源而拥有行业话语权和竞争力，而其他快递企业担心自己因失去数据资源而沦为跑腿工具。所以，在此阶段从理论上来看，驱动其行为产生的机制主要为制度理论和社会网络理论以及交易成本理论。因此，本书提出以下结论：

结论2： 在企业网络的发展演化阶段，网络成员的战略目标主要是价值获取，网络内成员基于资源和权力的非对称性导致投机性合作行为的产生，降低组织间信任，而投机性合作行为又破坏了网络效应，导致其增速降低。

此外，需要强调的是，菜鸟网络案例验证了不同理论对于合作行为影响的交互性以及重叠性，不同理论的关注重点不同对合作行为的影响也不同，所以本书基于以上分析，通过将理论与实践相结合构建企业网络合作行为形成的机制解释，分析结果如图6-5所示。

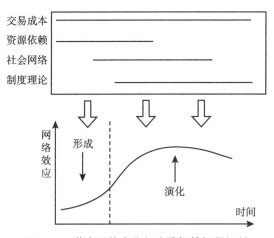

图6-5　菜鸟网络合作行为选择的解释机制

（三）菜鸟网络合作行为的治理机制分析

菜鸟网络合作行为的形成和演化的整个过程中，针对投机性和协调性两种合作行为，需制定相应的治理机制与之相匹配。针对协调性合作行为，在网络合作形成阶段，以协调性行为为主，例如在此阶段菜鸟科技和13家快递公司通过签署合作协议以达成网络合作，或者在其演化阶段，菜鸟网络中菜鸟公司通过制定分层计划的行为，以聚合平台内快递企业的相关信息和数据资源，达到降低物流成本和提高配送效率的目的，进一步提升物流行业的服务水平和菜鸟网络的综合竞争力，同时其他合作伙伴也积极参与合作，其治理机制主要表现为信任机制和关系规范；针对投机性合作行为，主要表现在其演化阶段，例如顺丰和菜鸟之间的数据大战问题，菜鸟科技公司表现出潜在的数据私有化的投机性合作行为，引发了以顺丰为代表的其他快递公司的不满，在此阶段需要通过正式的治理机制予以约束，包括复杂性契约和管控机制，其中管控机制可以分别在输入阶段、过程和输出阶段进行约束和治理。

　　基于此，本书基于协调性合作行为和投机性合作行为进行治理，并构建与其不同行为相匹配的治理机制，进一步构建菜鸟网络合作行为的治理机制模型，结果如图6-6所示。

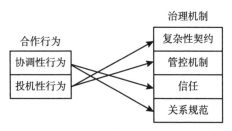

图6-6　菜鸟网络合作行为的治理机制

（四）菜鸟网络合作行为与治理机制的共同演化

　　治理机制和合作行为如何在企业网络的发展过程中并存。首先，在合作形成前双方都会基于合作进行预判，主要目的是要了解合作后网络成员的价值获取会产生机会主义行为，所以在合作初期阶段，合作双方要通过建立复杂性契约来抑制潜在机会主义行为的产生。书面合同是一项重要的保障措施，公司利用事前澄清游戏规则，保护其特定投资不受机会主义行为的影响（Carson et al.，2006）。合同通常包含关于各方权利和义务、角色、责任和绩效期望的协议。此外，它还详细介绍了联盟的目标和结果（Luo，2006）、监测程序、争端解决机制和违反合同的处罚（Poppo and Zenger，2002）以及如何应对未来发展的规范（Lee and Cavusgil，2006）。合同的有效性进一步得到了其法律可执行性的支持（Lee and Cavusgil，2006；Luo，2006）。虽然合同是联盟中的共同特征，但它们的复杂性有很大的不同。更复杂的合同能够更详细地说明每一点，并解决更广泛的潜在意外事件（Argyres et al.，2007）。这使得以牺牲合作伙伴为代价实现个人优势变得更加困难，从而限制了机会主义的潜在收益（Das and Teng，2002）。例如菜鸟网络在形成阶段，菜鸟网络科技有限公司与各快递公司和其他合作方签订合作协议。

其次，随着企业网络的不断发展，企业成员开始诱发投机性合作行为，例如菜鸟网络内成员出现的炒信行为，作为核心企业的菜鸟可以开始退出一系列管控措施包括对违反合作协议的惩罚以及菜鸟江湖大会推出的"分层计划"①，引起以顺丰为代表的网络成员的不满与不信任，引发了菜鸟与顺丰的大战，随后国家邮政局作为行业和国家部门的代表，立即召集双方进行协商，在政府部门的协调下，双方暂时搁置争议，直到一个月后双方争议得到解决，数据开始共享，但是这并没有彻底消除隐患，还存在再次发生的可能性，所以2018年1月国家邮政局和商务部正式就此类问题推出《关于规范快递与电子商务数据互联共享的指导意见》。②最后通过复杂性契约以及国家和行业规范的政策推出，合作方开始建立基于契约和规范的信任机制。进一步将不同发展阶段的合作行为与治理机制相连接起来，形成结果如图6-7所示。因此，本书提出以下结论：

结论3：企业网络中治理机制取决于网络内的合作行为，当企业间合作行为趋向于协调性合作行为时更多需要正式治理机制，而合作行为趋向于投机性合作行为时更多需要关系信任机制，而在合作开始前更多的是正式治理机制中的复杂性契约，而合作中更多是管控机制的实施。

① 腾讯网．"江湖大会"上，菜鸟官宣了这几件大事［EB/OL］. https：//new. qq. com/rain/a/20200624A004I000. 2015-6-23/2022-11-10.

② 商务部办公厅．国家邮政局办公室关于深入推进电子商务与快递物流协同发展工作的通知［EB/OL］. http：//www. gov. cn/zhengce/zhengceku/2020-04/21/content_5504735. htm. 2020-04-14/2022-11-10.

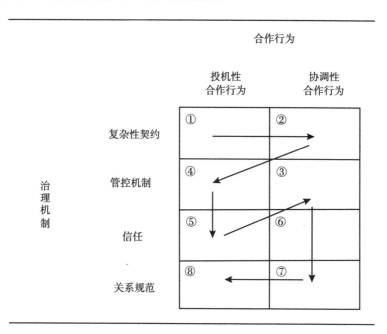

图 6 – 7　不同阶段企业网络合作行为与治理机制

五、企业网络合作行为的治理对策

党的十九大报告强调，我国要"打造新时代共建共治共享的社会治理格局"。针对企业网络合作行为的治理，需要政府和行业以及企业的共同治理，单一一方的治理或者监管无法完成企业网络合作行为治理的任务。所以本书基于菜鸟网络的单案例研究，结合微观个体、网络整体对企业网络合作行为的形成与演化进行实证研究，进一步从宏观到微观的治理逻辑，从行业规范、网络整体与合作节点三个层面形成一个自上而下与自下而上双向作用的治理对策，由此，整合为一个多方合作治理的逻辑平台，借助此平台不断完善企业网络组织这一新型商业模式，进而提出合作行为的治理政策建议与决策参考。

（一）企业网络的行业行为规范

行为规范即行为的标准、规则或准则。在人类社会中各行各业都需要行为规范，这种行为规范需要根据不同行业、不同的生活方式等条件要求其成员共同遵守的行为准则。从企业网络的视角来看，不同行业的行业协会或者行业领导者都会制定相应的行为规范以约束其合作行为。行业行为规范对于提升行业竞争力具有非常重要的意义，尤其是现阶段我国经济面临下行压力，例如由于 2020 年爆发的新冠疫情而产生的黑天鹅事件，对于企业而言面临较大的风险和不确定性，所以此时行业行为规范的制定就尤其具有重要意义。据调研发现，许多行业的行业协会都只是空有其形式或者被大企业所控制，在行业内真正能够发挥效用的地方很少，这是我国许多行业中存在的软肋，需要引起更多管理者的重视，因此行业行为准则的建立就尤为重要，本书基于合作行为的两个维度将行业行为准则分为限制性行为准则和倡导性行为准则。

1. 限制性行为准则

限制性行为准则是指在行业行为规范中需要被制止的行为，本书中主要针对企业网络内的投机性合作行为，尽管投机性行为是不可避免的，但是从投机性合作行为的形成来看，网络权力、不确定性、组织间信任都会诱发投机性合作行为；进一步从其演化过程来看，网络内成员尤其是核心企业的实施策略才是诱发投机性行为的关键，因为核心企业通常是规则的制定者或网络的监督者，是企业网络形成与演化的主导者，核心企业的不同策略会直接影响其他成员企业的行为，所以首先需要通过行业协会制定一套行为准则，能够有效制约和控制核心企业自身的投机性行为，例如禁止核心企业实施其坐收其利的策略、禁止网络内成员共有信息私有化、禁止核心企业颐指气使的行为或者如菜鸟网络合作中核心企业欲将共享数据私有化的潜在投机性行为等，都应该被制止或约束。

2. 倡导性行为准则

倡导性行为准则主要是指在企业网络内所要倡导的行为规范，本书中主要指协调性合作行为，例如出租车公司的行为规范（爱岗敬业、遵纪守法；规范服务、诚信经营；车容整洁、仪表大方等），也如在菜鸟与顺丰的大战中，国家邮政局作为代表国家的主管部门第一时间对相关合作方进行积极的协商，并在 2019 年 6 月颁布针对电子商务与物流平台合作中的数据安全与信息共享问题出台了《关于规范快递与电子商务数据互联共享的指导意见》等相关政策[①]，用以约束和规范该行业的合作行为。又如华为公司为了保证

---

① 国家邮政局. 商务部关于规范快递与电子商务数据互联共享的指导意见［N］. http：// www. gov. cn/zhengce/ zhengceku/2019 –09/04/content_5427244. htm. 2019 –09 –04/2022 –11 –09.

其与合作伙伴的持续健康发展与良性循环，建立《合作伙伴行为准则》，包括需要遵守的法律、正当商业行为、合规管理等几项，并鼓励合作伙伴建立自己的合规管理体系，以确保合作伙伴更好地遵从当地法律、履行正当商业行为以及遵守华为公司的政策。[①]

因此，针对企业网络内的倡导性行为准则，例如提倡企业间信息共享、共担风险、资源互补、互相信任等行为规范，但是鉴于不同行业内网络成员的行为与运营条件又存在较大差异，所以具体的行业行为规范还应根据行业特征和所处情境制定与之相匹配的行为准则，进一步引导网络内成员的合作行为。

（二）网络整体互利共赢行为治理

如果将研究问题限定于企业网络范围之内，作为网络权力配置的核心企业可以通过优化网络结构，清晰定位企业网络战略，注重发挥企业网络独特功能，制定必要的行为准则与议事规程，建立并完善资源共享平台，保证合作企业能及时有效地捕捉到最前沿的知识与技术。大致可以基于合作行为的治理机制从复杂性契约、风险管控和网络惯例三个方面提出其治理对策。

1. 复杂性契约机制

企业网络合作中，核心企业作为管理者需要制定正式的契约以维护整个网络的健康发展，正式的契约机制在支持企业间信息的顺畅流动方面发挥着重要作用。通过提高合作公司的透明度，它们可以让公司更密切地监管合作伙伴的行为，发现不寻常的事件或可疑的活动。因为正式合同代表未来履行特定行为的承诺或义务。合同越复杂，对承诺、义务和争端解决程序的说明就越详细。例如，复杂的合同可能会详细说明要履行的角色和责任，指定监控和惩罚不合规行为的程序，最重要的是，确定要交付的结果或输出。根据交易成本经济学的逻辑，管理者的任务是以最小的成本制定治理安排，以确保供应商提供所需数量、价格和质量的服务。复杂性契约作为一项重要的保障措施，公司利用事前澄清游戏规则，保护其特定投资不受投机性合作行为的影响。此外，它还详细介绍了联盟的目标和结果、监测程序、争端解决机制和违反合同的处罚以及如何应对未来发展的规范。合同的有效性进一步得到了其法律可执行性的支持。虽然合同是企业网络的共同特征，但它们的复

---

① 华为官网. 华为公司合作伙伴反腐败政策 [N]. https：//www. huawei. com/cn/compliance. 2021 - 06 - 11/2022 - 11 - 10.

杂性有很大的不同。更复杂的合同能够更详细地说明每一点，并解决更广泛的潜在意外事件。这使得以牺牲合作伙伴为代价实现个人优势变得更加困难，从而限制了投机性行为的潜在收益。

由于合同能够明确规定合作伙伴将如何应对因违法行为而受到法律制裁的突发事件，因此合同为投机性行为风险提供了一个潜在的解决方案。而且这种复杂性契约不仅可以保护自身利益不受侵害，而且对合作伙伴来说也是一种保护。最后本研究通过实证探索也发现未来社会将是一种契约社会，通过契约的方式建立信用，完善信用体系建设。例如国家在推进的区块链技术、数字化经济等都从不同层面为建立国家、企业、个人等信用体系提供中坚力量和政策支撑，进一步为完善企业网络合作节点企业自律行为的形成提供支持，而且企业网络或联盟内企业间需要制定复杂性契约以降低合作中面临的风险。

2. 风险管控机制

企业网络合作中，风险管控是指网络内合作者面对未来发生的各种潜在风险所采取的各种措施和方法，并通过降低风险来保证企业间的互利合作，维持企业网络的持续竞争优势。通过对西方发达商业银行的发展经验进行研究发现，具有核心竞争力的银行都有一个共同点，就是它们不仅有完善的风险管控体制，而且还会建立垂直的风险控制机构体系。

同理，在企业网络合作中对其合作行为进行治理时风险管控机制的构建也是非常重要的一个环节，依据现有研究成果以及本书的实证研究，从以下几方面来构建风险管控机制：第一，在企业网络合作行为的形成前，合作伙伴的选择对于企业网络后续的整个发展过程都具有重要的作用，而且学术界对于企业网络合作伙伴的选择已有较为丰富的研究成果，合作前期对合作伙伴的有效评估能够为企业网络的高效发展奠定良好的基础，例如，琼斯（1997）指出，在网络治理中可以通过限制性进入（地位相似性和关系契约）降低协调成本，较少的合作伙伴增加了互动频率，进一步增强参与者的积极性和协调能力。所以企业网络合作行为治理中首先需要在合作伙伴方面进行严格的把关，树立严格的合作标准。第二，在合作整个过程中网络内成员要合力构建风险管控体系，积极评估和预测未来可能发生的风险，并从组织、制度、技术、应急等方面对安全风险进行有效管控，确保安全风险始终处于受控范围内。例如在平台合作中，平台所有者根据合作方所遵循的规则、标准和过程来奖励或惩罚网络内成员，即时维护网络整体的健康；又如琼斯（1997）指出，在网络治理中，网络成员可以通过集体制裁（对涉及惩罚违反团体规范、价值观或目标的其他成员的群体成员进行制裁）或者通过网络成员声誉（能检测和阻止欺骗性行为，从而加强合作（Parkhe，1993））的方式治理其行为。第三，当企业间关系结束时，合作方需要有完善的合作退出机制，以维持网络的稳定性。此外对于由于突发或者不可预测的原因而导致合作结束时要有完善的备用方案或机制，以及备选的合作伙伴等措施。

总之，在企业网络合作行为的治理中，风险管控机制的建立需要遵循"输入—过程—输入"的逻辑思路，环环相扣，互相补充，形成一套完整的管控机制，为合作行为的治理助力。

3. 网络惯例

网络惯例是指在网络组织的运行过程中存在并指导网络正常运行的某种"游戏规则"，这种规则是在网络成员的不断交互作用中形成的、被网络成员共同接受的、相对稳定的行为模式，能够协调组织间关系以保持网络稳定（孙永磊和党兴华等，2014）。因此，对企业网络内部对其合作行为的治理，不仅需要复杂性契约和管控机制来治理其行为，而且也需要通过网络惯例的方式去引导合作行为[①]。学者们普遍认为网络惯例在企业间网络中具有重要的作用，认为网络管理不仅有助于维持企业间的合作关系，而且能够规范网络成员的合作行为，增强合作网络的稳定性，进一步提升网络整体的运行效率。因为网络惯例的力量无处不在，它不断的影响着企业间合作行为和网络的运行方式，但现实中也存在许多网络成员无法适应网络内的某种"游戏规则"而导致其网络合作失败，因此，在企业网络合作行为的引导中，网络惯例的培育和适应具有重要的意义，在企业网络合作中能够促进知识传递、信息共享并维持网络的健康发展。

本书认为可以从以下几方面促进网络惯例的形成，首先，在网络内核心企业对网络惯例的形成具有重要的决定性，核心企业作为网络内的领导者对于网络成员更多的应该是协调而非命令、更多的是引导而非控制，适度地调整和运用其网络权力更有利于网络惯例的形成；其次，除了网络权力以外也

---

① 需要说明的是，尽管本书针对企业网络合作行为的形成、演化时并未涉及到网络惯例对合作行为的影响，但是对于治理对策，网络惯例对引导合作行为具有重要的意义，例如菜鸟合作网络随着合作的不断继续，合作经验不断积累，能够促进网络的健康发展。

有学者认为组织间关系、组织间学习、网络能力、网络位置、合作经验也是网络惯例形成的影响因素（孙永磊和党兴华，2014），所以还可以通过维持组织间关系、提高网络能力、增加网络合作经验等形成网络惯例；此外，如果网络内异质性程度越高，核心企业对于协调和统筹网络合作行为的难度就越高，毕竟异质性程度较低的企业间更容易形成合作关系，也更有利于网络惯例的形成。

（三）合作节点自律行为培育

对企业网络合作行为的引导与治理，不仅需要通过行业协会以及网络内互利共赢的治理机制等这些"他律"手段，而且更重要的是要通过他律培养企业网络内成员的自律行为。在企业网络中，网络节点企业的自律行为是指无须任何外力的约束就可以遵守的合作行为，是合作企业行为的自我管制。"自律"和"他律"最早是由德国哲学家康德提出来的。在企业网络合作行为的治理中，"他律"是网络行为治理的手段和工具，是外在因素，"自律"是内在因素，是网络行为治理的最终目的。因此，对网络合作行为治理时要通过优势互补与资源依赖，夯实信任基础，营造融洽氛围，合理引导行为，促进行为合力的形成，培育行为自律机制，注重发挥核心企业的标杆效应，协调个体之间的行为互动，减少恶意竞争与冲突，避免资源浪费与内耗。自律行为不是先天产生的，更多时候是需要通过具体、可操作性的方法或者规范进行培育而形成的，自律行为的培育是一个从思维认识与情感认同—行为内化与习惯外化—外在约束与内在约束相互结合、相互统一并相互促进的过程（曹海涛，2013）。此外，节点企业行为自律是非市场化规则的选择形式，是政府规则制度等其他治理机制的有效补充。本书认为完善和培育合作节点企业的自律行为可以从以下几个方面进行：

1. 商业伦理和道德

商业伦理和道德是企业网络合作中需要具备的基本素质，所以在企业网络合作中企业应该自觉遵守商业道德规范，坚持以立德为先，知行合一、严于律己，共同营造互利共赢、相互信任的合作氛围，并进一步融入儒家"仁义礼智信"等元素，构建企业网络的合谋战略。一方面，要加强企业管理者个人品德建设，因为企业管理者是企业网络合作行为的实施主体，对网络的运行具有关键性的作用，可以通过加强自我道德审视、个体德性修养以及塑造高尚的道德人格等提升企业管理者的道德自觉性，例如通过进行自我道德评价等行为；另一方面，网络内成员之间可以经常性地开展道德教育活动、更新道德教育理念，以此来不断优化道德教育环境，例如通过学习道德模范为基准，打造道德建设平台。

2. 社会责任

企业网络合作行为的自律应该通过加强制度建设来培育网络成员的社会责任感。一方面，可以通过舆论引导的方式，因为舆论引导是网络合作行为自律培养的关键环节，对于网络合作行为自律的培养具有重要的意义，在舆论引导时要充分发挥新闻媒体、行业领袖的影响力，其中行业领袖或行业领导企业（如华为公司等具有正能量的企业）的自律行为尤其重要，这些企业或者企业管理者可以通过微信或微博以及视频采访等方式公开宣传企业的自律行为，培养其他网络合作企业的社会责任感；另一方面，可以通过相互监督的方式建立奖惩机制，因为相互监督是网络合作行为自律培养的重要形式，作为网络内的核心企业不仅要严格要求自己，而且要维护整个网络的健康运营，约束自身的合作行为，为其他合作伙伴树立榜样；对于非核心成员而言，要监督和控制自身的行为不给合作伙伴带来负面影响，充分发挥自身的能力，形成一种"穷则独善其身，达则兼济天下"的局面。例如，在网络内建立投诉举报受理平台等方式提高网络成员的素质和社会责任感，做到赏罚分明，对于违反商业伦理和道德的合作企业，该网络应该及时给予惩罚，并列入行业合作黑名单通过严厉的惩罚机制来遏制此类行为的产生。

3. 合作文化

文化作为一个广泛共享的假设和价值观体系，包括指导行动并在独立实体中创造行业典型的行为模式、职业或专业的知识，它塑造了网络内参与者的角色、角色间的关系和行为惯例（Jones，1997）。在企业网络内合作文化是指由企业间的所有参与者共同分享的东西，源于企业间直接和间接的关系网络以及制度和它所存在的民族文化发展演变而来。虽然宏观合作文化在新兴和蓬勃发展中加强了网络合作行为的治理，但很难建立起来。

本书认为在企业网络内，宏观合作文化主要通过以下几个手段进行引导和培育。一方面，可以通过加强道德文化建设，以培育和践行中国特色社会主义核心价值观为引领，设立企业合作诚信机制等方式加强企业管理者的诚信道德建设；通过不断学习中华民族的传统文化，弘扬我国"修身、齐家、治国、平天下"的儒家文化，培育企业管理者的道德涵养等。另一方面，政府以及核心企业等组织机构应该通过共同治理的方式优化我国企业的网络合作环境，培育企业网络合作的互信文化，例如政府部门应该引导不同行业和类型的企业网络在行业协会的组织下开展自律活动。行业协会应该根据现实问题出台相应的行业公约，例如在互联网行业中中国互联网行业协会出台《中国互联网行业自律公约》《互联网新闻信息服务自律公约》《文明上网自律公约》等行业公约，以培育网民的自律行为。基于此，不断构建企业间相互信任、互利共赢的合作文化，毕竟信任是网络的核心协调机制，它与市场和等级制度形成鲜明的对比，例如通过构建企业网络合作信用评价机制，以不断提高合作企业间的信用水平。信任减少了战略的不确定性，因为参与者考虑到了彼此的利益。还减少了复杂合同的必要性，增强了行动者共享信息和开发创新解决方案的可能性。通过企业调研与访谈发现，在企业间合作中企业网络内合作文化对网络成员的投机性行为具有良好的抑制作用。这样互利共赢的合作文化能够激励更多的企业间合作以及更多企业网络的形成，为我国企业转型与升级提供支持。

综上所述，本书从行业规范、网络整体与合作节点 3 个层面对企业网络合作行为提出治理对策，根据联合国"全球治理委员会"对治理的界定可知，治理不是一套规则、或者活动，而是一个过程，治理的过程基础不只有控制还包括协调，这个过程需要多方的努力和不断持续的推进，是一个长期的过程，本书希望所提政策能为相关学术研究与管理实践提供参考。

六、小结

本章首先对企业网络合作行为与治理机制的相关研究进行梳理，并以菜鸟网络为案例进行单案例纵向研究，以菜鸟网络的时间与事件发展过程为基调，对企业网络形成与演化两个过程中的协调性合作行为与投机性合作行为进行分析，并依据不同发展阶段不同维度合作行为构建相应的治理机制，进一步结合复杂性契约、管控机制和关系规范、信任等治理机制，形成合作行为与治理机制相匹配的效果，以达到适度治理的目的，并从行业规范、网络整体和合作节点个体提出治理对策，这样从理论到实践的研究思路为企业网络合作行为的治理提供参考。

结论与展望

一、研究结论

在互联网与数字化经济相融合的时代，企业网络已经成为企业获取资源并保持持续竞争优势的重要组织模式，其合作行为作为影响网络绩效的关键因素引起各界的普遍关注。鉴于现有学者多从投机性行为的视角对网络内合作行为以及企业间关系进行分析，尤其在理论框架的构建方面，对一般意义上企业网络合作行为系统性研究尚缺乏深入的挖掘。显然，在研究企业网络合作行为时如果没有一个科学定义和清晰的体系构成，很难形成完整的理论体系和治理逻辑。本书结合网络合作的协调视角，将合作行为分为协调性合作行为和投机性合作行为两个维度，进一步对其行为的形成、演化与治理进行系统性研究。

基于上述理论分析、实证研究与模拟仿真，本书得出如下结论：

首先，针对企业网络合作行为的形成过程，本书将合作行为分为投机性合作行为和协调性合作行为两个维度。从协调性合作行为形成的前因构型来看，有8条不同路径都可以促成协调行为，而且通过对不同路径进行对比发现变量间的替代关系，而且还发现在不同的路径中有一个共同的变量就是低不确定性和高互补性资源，充分说明不确定不是协调性行为产生的关键因素，而互补性是协调性行为产生的重要核心变量；从投机性合作行为形成的前因构型来看，研究发现有4条路径会促使投机性行为的产生，而且对不同路径进行对比发现不同变量之间的替代性关系。

其次，针对企业网络合作行为的演化过程，本书主要从分权式网络权力配置和集权式网络权力配置两部分。在分权式配置中，企业网络为对称性网络即网络成员所拥有的网络权力是对称的，每个参与者都拥有相同的权力，每个参与者可以自己决定是否对该网络投入专用性资产，而且可以决定参与或者退出该网络，但是由于企业网络强大的网络效应，所以在公共品博弈中通过演化后发现，企业网络成员随着时间的推移出现明显的聚集现象，充分说明在分权配置下，对于每个参与者的备选策略中合作为占优策略，合作者出现集聚，背叛者也出现集聚，形成一种"物以类聚，人以群分"的状态；在集权式配置中，本书假设整个行业网络中存在多个核心企业，每个小型企业网络存在一个核心，而且在行业层面上每个核心企业对网络权力的不同态度实施不同的决策，非核心参与者基于不同的行为决策和自身的学习以及迁移能力来选择自身的决策，仿真结果发现随着时间的推移核心型企业参与者周围出现大面积的合作者集聚现象，说明当核心企业实施核心型决策时，合作策略为占优策略，而坐收其利型参与者周边多为背叛者，也有部分初始状态的合作者转变为背叛者，表明在坐收其利型策略下背叛为占优策略，支配型策略周围存在一些合作者和一些背叛者，各自形成自己的集聚。

最后，针对企业网络合作行为的治理，本书基于菜鸟网络内合作行为的整个发展过程，将合作行为分为投机性合作行为和协调性合作行为，针对菜鸟网络的合作行为制定治理机制，包括复杂性契约机制、管控机制、信任机制以及关系规范机制，进一步结合案例研究的方法将合作行为的两个维度与不同的治理机制进行动态匹配分析，认为企业网络中治理机制取决于不同维度下网络内的合作行为发展的不同阶段，在企业间合作行为的形成阶段，网络成员关注网络的价值创造，其行为趋向于协调性行为更多需要正式治理机制，而在其演化阶段时网络成员更关注价值获取，其合作行为趋向于投机性行为则更多需要关系规范和信任机制，而在合作开始前更多的是正式治理机制中的复杂性契约，而合作中更多是管控机制的实施。

综合对企业网络合作行为的形成、发展与治理进行深入探索后，本书的主要创新之处表现在以下几个方面：第一，厘清企业网络合作行为的形成机理。本书通过定性比较分析方法对投机性合作行为和协调性合作行为的影响因素进行构型，形成了不同维度合作行为的形成路径，弥补了现有研究中过多关注投机性行为而忽视协调性合作行为的形成机理，并对不同变量间的替代关系进行深入研究，挖掘出合作行为形成的前因变量中不同要素的联动效应，突破了各因素间融合宏观层面与微观层面影响因素而难以区分的困境，丰富了企业网络合作行为理论。第二，揭示企业网络合作行为的演化机制。传统上学者对于企业网络合作行为的研究都局限于从静态或者单一视角的研究，本书运用网络合作博弈方法刻画合作行为动态演化过程，通过对合作行为的演化过程进行仿真模拟，进一步揭示其不同参与者动态性地进行合作博弈的具体行为选择过程，发现网络权力配置对合作行为的影响取决于企业在网络内的行为决策，从而开启不同权力配置模式下企业网络合作行为动态发展的黑箱，弥补了现有研究过于理论化或者静态片面性的不足。第三，基于企业网络实践提出合作行为的治理机制与对策。本书基于菜鸟网络进行单案例分析，从企业间的协调性和投机性视角对企业网络合作行为进行治理，并进一步依据合作行为的形成和演化过程构建与其不同行为相匹配的动态性治理机制，突破传统研究中从静态视角提出治理机制以及出现治理不足或过度治理的研究局限，有目的地促进行为合力的生成，构建企业网络合作行为的治理机制与治理对策，为网络组织的健康运行提供方向性指导与新的洞察。

二、政策建议

2020 年是我国第十四个五年规划编制之年。"十四五"规划是我国加快新旧动能转换、推动经济社会高质量发展迈出实质性步伐、奋力实现振兴崛起的关键五年。在此特殊背景下，本书针对我国面临数字化经济转型时期的具体实践，基于企业间合作的协调性和投机性行为视角对企业网络合作行为的形成、演化与治理进行实证研究，结合行业规范、网络整体和合作节点 3 个不同层面的治理对策，提出本书的对策建议。

在行业行为规范方面，通过调研发现除了几个经济发达地区（例如杭州等）外，许多行业的行业协会都只是空有其形式或者被大企业所控制，在行业内真正能够发挥效用的地方很少，甚至有些地级市企业间还未建立完善的行业协会等用以规范行业内企业的行为。基于此，本书依据对合作行为的两个维度划分将行为规范从限制性行为准则和倡导性行为准则两个方面进行引导。一方面，针对网络合作产生的协调性行为主要通过倡导性行为准则进行引导，另一方面，针对网络合作产生的投机性行为主要通过限制性行为准则进行制止。

在互利共赢行为的治理方面，本书从网络整体视角基于琼斯（1997）对网络治理的研究和威廉姆森（1979）对治理机制的探讨，从复杂性契约机制、风险管控机制以及网络惯例三个方面进行治理。首先，从复杂性契约机制来看，正式契约的签订对降低网络合作中的风险非常有效，而且已有的实证研究以及对企业家的调研也充分验证了这一点，证明了实践中企业家在企业间合作时对于复杂性契约的认可和共识，复杂性契约为投机性合作行为提供了一个有效的解决方案；其次，从风险管控机制来看，企业网络合作的整个过程都需要对合作风险进行严格管控。例如在网络形成前选择合作伙伴时，需要依据网络参与者的数量制定适当的限制性进入机制，也包括通过集体制裁或声誉机制来优化网络合作环境，以维护网络的健康发展，甚至在网络合作关系结束时，也需要制定规范的成员退出机制以维持后续网络发展的稳定性；最后，从网络惯例来看，网络惯例的形成能够促进知识传递、信息共享并维持网络的可持续发展，本书通过对网络合作行为的形成和演化进行实证研究，发现可以通过调节网络内不同参与者的网络权力或组织间关系以及合作经验等促进网络惯例的形成。

在合作节点自律行为培育方面，本书文主要从商业伦理和道德、社会责任以及合作文化三个方面进行引导。首先，从商业伦理和道德来看，本书认为可以通过宣传教育或学习道德模范等活动，打造道德教育和学习平台，以此不断优化网络思想理念；其次，从社会责任来看，应培养企业网络参与者的社会责任感，例如通过网络舆论或者集体制裁等方式，通过相互监督的方式约束网络成员的合作行为；从合作文化来看，可通过网络文化建设、政府政策引导等方式，不断构建企业间相互信任、互利共赢的营商文化提高企业间的信任感，为我国企业转型和升级提供支撑。由此，整合为一个多方合作治理的逻辑平台，借助此平台不断完善企业网络组织这一新型商业模式，进而提出合作行为治理的政策建议与决策参考。

三、研究局限与未来展望

（一）研究局限

本书针对企业网络合作行为的形成、演化与治理进行深入的分析与探讨，但还存在以下不足：

其一，新技术与企业网络融合背景下的合作行为必然发生变异，本书没有就此方面的问题展开深入探索。随着互联网、大数据、区块链、物联网、5G等新技术不断出现并商用化步伐的日益加快，企业网络与新技术的融合成为一个不可回避的新问题，由此而引发的合作行为必然会出现变异。例如区块链技术的"去中心化"特征，使得传统意义上的网络中核心结点将会失去原有优势，那么地位优势还有那么重要吗？权力配置的对等性将会得到明显体现，权力对行为的影响是否会有所区别？机会主义行为将会得到有效抑制，加大失信成本会成为现实吗？所以，新技术与企业网络深度融合的内在机理与实现路径，以及由此而引发的合作行为变异，无疑成为亟待解决的新问题。

其二，传统的网络治理理论是基于欧美国家的经济实践进行提炼升华的结果，对中国企业网络的适用性并未得到检验，同时中国的传统关系文化与经济发展的制度安排与西方存在巨大差异。

综合可知，合作行为作为影响网络组织运行和治理效果的重要变量，识别与诠释网络效应的重要依据，只有深入探索其产生的原因、动态发展过程以及运行结果，才能进一步探索合作行为无为而治的自律路径，并为企业网络转型升级提供新的洞察。

（二）未来展望

本书基于以上几个方面的研究局限，拟提出以下未来展望，为未来研究提供参考和思考：

其一，针对以区块链、数字经济等为代表的新技术与企业网络融合背景下合作行为的变异问题，后续研究中将会更加关注在新时代背景下网络内成员在合作中所引发的行为变异，例如"去中心化"的网络中合作行为的形成机理与实现路径问题，以及由此而产生的合作行为治理问题。

其二，针对基于中国特色社会主义和传统文化实践中研究合作行为的研究局限，后续研究将深入不同行业，对特定行业内涉及国有企业及混合所有制企业等中国特色的情境进行深入挖掘，例如中国政府在制度环境等方面的特殊性，如法律制度、文化和社会规范。以此进一步探索我国传统文化与制度安排下的网络治理理论与现有西方治理理论的差异，为构建中国特色网络治理理论提供数据支撑。

　　总之，尽管学术界对于企业网络合作行为已经有大量的研究成果，但是从系统的角度看仍处于研究的初级阶段，因为网络合作行为会随着社会以及经济的不断发展而不断变化，所以在将来的研究中，作者将投入更多精力，对其进行更深入地挖掘与创新。

参 考 文 献

[1] 白鸥，魏江. 技术型与专业型服务业创新网络治理机制研究 [J]. 科研管理，2016，37（1）：11－19.

[2] 蔡继荣. 联盟伙伴特征、可置信承诺与战略联盟的稳定性 [J]. 科学学与科学技术管理，2012，33（7）：133－142.

[3] 曹兴，杨春白雪，高远. 核心企业主导下创新网络合作行为实验研究 [J]. 科研管理，2018，39（2）：10－18.

[4] 柴国荣，李振超，王潇耿. 供应链网络下集群企业合作行为的演化分析 [J]. 科研管理，2011，32（5）：129－134.

[5] 常红锦，杨有振. 创新网络惯例、网络位置与知识共享 [J]. 研究与发展管理，2016，28（3）：89－96.

[6] 陈逢文；付龙望；洪家瑶. 创业网络演化过程如何发生——基于"结构—行为"互动机制的案例研究 [J]. 南开管理评论，2019，22（125）：213－226.

[7] 陈耀，连远强. 战略联盟研究的理论回顾与展望 [J]. 南京社会科学，2014（11）：24－31.

[8] 党兴华，肖瑶. 基于跨层级视角的创新网络治理机理研究 [J]. 科学学研究，2015，33（12）：1894－1908.

[9] 党兴华，薛超凯，施国平. 风险投资网络社群行为研究述评与展望 [J]. 科技进步与对策，2016，33（18）：156－160.

[10] 邓渝，韩炜. "熟"能生"巧"吗？重复联盟与焦点企业创新的倒 U 形关系研究 [J]. 研究与发展管理，2018，30（2）：10－20.

[11] 董微微. 联盟组合的形成机理研究——基于复杂网络视角 [J].

工业技术经济，2017，36（5）：126 – 130.

［12］董柞壮.联盟类型、机制设置与联盟可靠性 ［J］.当代亚太，2014（1）：100 – 123 + 157 – 158.

［13］杜欣.网络视角下联盟组合创新合作行为的演化与创新绩效研究 ［D］.成都：电子科技大学，2017.

［14］杜运周；贾良定.组态视角与定性比较分析（QCA）：管理学研究的一条新道路 ［J］.管理世界，2017（285）：160 – 172.

［15］冯华，李君翊.组织间依赖和关系治理机制对绩效的效果评估——基于机会主义行为的调节作用 ［J］.南开管理评论，2019，22（126）：105 – 113.

［16］甘家华.中小物流企业联盟网络协同机制研究 ［D］.西安：长安大学，2015.

［17］高丹雪，仲为国.企业间合作关系终止研究综述与未来展望 ［J］.外国经济与管理，2017，39（12）：53 – 69.

［18］高嵩.非对称战略联盟网络中的机会主义研究 ［D］.北京：北京邮电大学，2009.

［19］郭劲光.网络治理机制的一个一般性理论分析框架 ［J］.经济评论，2005（3）：103 – 109.

［20］韩炜，邓渝.联盟组合的研究述评与展望：联盟组合的交互、动态与影响效应 ［J］.管理评论，2018，30（10）：169 – 183.

［21］何明升，白淑英.网络治理：政策工具与推进逻辑 ［J］.兰州大学学报（社会科学版），2015，43（3）：72 – 81.

［22］何明升.中国网络治理的定位及现实路径 ［J］.中国社会科学，2016（7）：112 – 119.

［23］和欣，陈传明，郑莹，卢珂.联盟关系断裂研究述评与未来展望 ［J］.外国经济与管理，2019，41（4）：31 – 44.

［24］胡琴芳，张广玲，江诗松，周南.基于连带责任的供应商集群内机会主义行为治理研究——一种网络治理模式 ［J］.南开管理评论，2016，19（1）：97 – 107.

［25］江积海，蔡春花.联盟组合的结构特征对开放式创新的影响机理——瑞丰光电的案例研究 ［J］.科学学研究，2014，32（9）：1396 – 1404.

[26] 姜滨滨. 战略联盟组织形式、动机及其效应的研究述评与展望 [J]. 科技管理研究, 2015, 35 (13): 113 – 119.

[27] 经济参考报. 菜鸟网络总裁: 互联网时代的本质精神就是分享 [EB/OL]. https: //www. chinanews. com. cn/cj/ 2015/07 – 24/ 74252 44. shtml. 2015 – 07 – 24/2020 – 10 – 11.

[28] 景秀艳, 曾刚. 全球与地方的契合: 权力与生产网络的二维治理 [J]. 人文地理, 2007, 22 (3): 22 – 27.

[29] 雷云云. 企业联盟网络的稳定性研究 [D]. 太原: 山西财经大学, 2010.

[30] 李凯. 跨国创业导向、联盟网络和国际化绩效研究 [D]. 杭州: 浙江工业大学, 2018.

[31] 李娜, 李随成, 崔贺珵. 供应商创新性的利用机制: 企业网络化行为的作用 [J]. 南开管理评论, 2018, 21 (1): 39 – 53.

[32] 李维安, 林润辉, 范建红. 网络治理研究前沿与述评 [J]. 南开管理评论, 2014, 17 (5): 42 – 53.

[33] 李维安, 周建. 网络治理: 内涵、结构、机制与价值创造 [J]. 天津社会科学, 2005 (5): 59 – 63.

[34] 李维安, 周建. 作为企业竞争优势源泉的网络治理——基本的概念分析框架和研究假设 [J]. 南开管理评论, 2004 (2): 12 – 17.

[35] 廖玉玲, 张亮. 网络条件下企业技术创新合作行为分析: 一个实验研究 [J]. 科技进步与对策, 2016, 33 (20): 97 – 102.

[36] 林润辉, 李维安. 网络组织——更具环境适应能力的新型组织模式 [J]. 南开管理评论, 2000 (3): 4 – 7.

[37] 林润辉, 张红娟, 范建红. 基于网络组织的协作创新研究综述 [J]. 管理评论, 2013, 25 (6): 31 – 46.

[38] 刘凤朝, 姜滨滨. 联盟网络核心节点形成及其影响因素研究 [J]. 管理学报, 2013, 10 (5): 671 – 677.

[39] 刘雪梅. 联盟组合: 价值创造与治理机制 [J]. 中国工业经济, 2012 (6): 70 – 82.

[40] 刘雪梅. 联盟组合价值创造的来源及租金分配的影响因素 [J]. 当代经济管理, 2017, 39 (2): 17 – 26.

[41] 罗珉, 徐宏玲. 组织间关系: 价值界面与关系租金的获取 [J].

中国工业经济，2007，1：68－77.

[42] 马蓝. 企业间知识合作动机、合作行为与合作创新绩效的关系研究 [D]. 西安：西北大学，2016.

[43] 庞博，邵云飞. 联盟经验对联盟组合管理能力的影响研究 [J]. 管理学报，2018，15（8）：1214－1220.

[44] 彭建仿，孙在国，杨爽. 供应链环境下龙头企业共生合作行为选择的影响因素分析：基于105个龙头企业安全农产品生产的实证研究 [J]. 复旦学报（社会科学版），2012（3）：128－140.

[45] 彭伟，符正平. 联盟网络对企业竞争优势的影响：知识资源获取的中介效应与环境不确定性的调节效应 [J]. 软科学，2012，26（4）：17－22.

[46] 彭正银. 网络治理：理论的发展与实践的效用 [J]. 经济管理，2002（8）：23－27.

[47] 彭正银. 网络治理理论探析 [J]. 中国软科学，2002（3）：51－55.

[48] 彭正银. 网络治理、四重维度与扩展的交易成本理论 [J]. 经济管理，2003（18）：4－12.

[49] 全裕吉. 从科层治理到网络治理：治理理论完整框架探寻 [J]. 现代财经—天津财经学院学报，2004（8）：44－47.

[50] 任志安. 网络治理理论及其新进展：一个演化的观点 [J]. 中大管理研究，2008，3（2）：94－106.

[51] 斯科特，戴维斯. 组织理论：理性、自然与开放系统的视角 [M]. 高俊山，译. 北京：中国人民大学出版社，2011.

[52] 斯亚奇. 竞争合作行为对创新绩效的影响机制研究 [D]. 杭州：浙江大学，2013.

[53] 苏红，李艳华，任永梅. 关于合作行为影响因素的研究述评 [J]. 昆明理工大学学报（社会科学版），2005，5（3）：76－79.

[54] 孙国强，窦捷，吉迎东. 网络权力决定论研究回顾与展望 [J]. 科技管理研究，2018，38（1）：261－266.

[55] 孙国强，吉迎东，张宝建，徐俪凤. 网络结构、网络权力与合作行为——基于世界旅游小姐大赛支持网络的微观证据 [J]. 南开管理评论，2016，19（1）：43－53.

[56] 孙国强，石文萍，于燕琴，张红兵. 技术权力、组织间信任与合

作行为：基于沁水煤层气网络的领导—追随行为研究 [J]. 南开管理评论，2019，22（1）：87 - 97.

[57] 孙国强，王博钊. 网络组织的决策协调机制：分散与集中的均衡 [J]. 山西财经大学学报，2005（2）：77 - 81.

[58] 孙国强，王燕芳，吉迎东. 网络权力演化理论回顾与展望 [J]. 华东经济管理，2018，32（3）：176 - 184.

[59] 孙国强，叶佑晋. 网络组织的形成动因及其理论阐释 [J]. 山西财经大学学报，2002（3）：40 - 42.

[60] 孙国强，张慧敏，吉迎东. 企业网络升级研究前沿梳理与未来展望 [J]. 外国经济与管理，2018，40（3）：54 - 66.

[61] 孙国强. 关系、互动与协同：网络组织的治理逻辑 [J]. 中国工业经济，2003（11）：14 - 20.

[62] 孙国强. 网络组织的内涵、特征与构成要素 [J]. 南开管理评论，2001（4）：38 - 40.

[63] 孙国强. 网络组织前沿领域研究脉络梳理 [J]. 外国经济与管理，2007（1）：19 - 24.

[64] 孙国强. 西方网络组织治理研究评介 [J]. 外国经济与管理，2004（8）：8 - 12.

[65] 孙永磊，党兴华，宋晶. 网络惯例形成的影响因素探索及实证研究 [J]. 科学学研究，2014，32（2）：267 - 275.

[66] 陶厚永，李薇，陈建安，李玲. 领导—追随行为互动研究：对偶心理定位的视角 [J]. 中国工业经济，2014（12）：104 - 117.

[67] 王德建. 网络治理的生成机制研究 [D]. 济南：山东大学，2006.

[68] 王节祥，盛亚，蔡宁. 合作创新中资产专用性与机会主义行为的关系 [J]. 科学学研究，2015，33（8）：1251 - 1260.

[69] 王力立，刘波，姚引良. 地方政府网络治理协同行为实证研究 [J]. 北京理工大学学报（社会科学版），2015，17（1）：53 - 61.

[70] 王琴. 网络治理的权力基础：一个跨案例研究 [J]. 南开管理评论，2012，15（3）：91 - 100.

[71] 王笑言，王节祥，蔡宁. 联盟组合的形成机理研究——前景理论视角 [J]. 科学学研究，2016，34（3）：395 - 403.

［72］王笑言. 联盟组合的形成机制与绩效影响研究［D］. 杭州：浙江大学，2015.

［73］王玉梅，罗公利，周广菊. 产业技术创新战略联盟网络协同创新要素分析［J］. 情报杂志，2013，32（2）：201－207.

［74］文嫮，曾刚. 全球价值链治理与地方产业网络升级研究：以上海浦东集成电路产业网络为例［J］. 中国工业经济，2005（7）：20－27.

［75］巫雪薇. 创新网络中核心企业知识权力对网络成员合作行为的影响［D］. 天津：天津财经大学，2016.

［76］肖瑶，党兴华. 基于跨层级视角的网络惯例治理机理研究［J］. 管理评论，2018，30（8）：90－101.

［77］肖瑶，党兴华. 基于冗余异质性的创新网络治理研究［J］. 科学学与科学技术管理，2016，37（8）：149－158.

［78］肖瑶. 基于网络惯例的技术创新网络跨层级治理研究［D］. 西安：西安理工大学，2018.

［79］谢文澜，汪祚军，王霏，张林. 合作行为的产生机制及影响因素——基于进化心理学视角下的探讨［J］. 心理科学进展，2013，21（11）：2057－2063.

［80］兴业证券交通运输与物流研究. 一文回顾"菜鸟网络"发展史［EB/OL］. https：//m. sinotf. com/News. html？id＝340086. 2019－11－25/2020－12－3.

［81］谢永平，党兴华，张浩淼. 核心企业与创新网络治理［J］. 经济管理，2012，34（3）：60－67.

［82］谢永平，韦联达，邵理辰. 核心企业网络权力对创新网络成员行为影响［J］. 工业工程与管理，2014，19（3）：72－78.

［83］熊爱华，张涵，宋波. 集群品牌建设中企业的合作行为研究——基于动态演化博弈视角［J］. 管理评论，2019，31（2）：169－179.

［84］许玉镇. 网络治理中的行业自律机制嵌入价值与推进路径［J］. 吉林大学社会科学学报，2018，58（3）：117－125＋206.

［85］严若森，钱晶晶. 网络治理模式创新研究——阿里"合伙人"与海尔"小微创客"［J］. 科学学与科学技术管理，2017，38（1）：3－13.

［86］杨瑞龙，杨其静. 企业理论：现代观点［M］. 北京：中国人民大学出版社，2005.

[87] 杨树旺，易明，肖建忠. 产业集群治理：结构、机制与模式——兼论我国产业集群治理存在的主要问题及对策建议 [J]. 宏观经济研究，2008（1）：31–35.

[88] 杨伟明，孟卫东. 联盟组合管理、合作模式与企业绩效 [J]. 外国经济与管理，2018，40（7）：32–43.

[89] 叶英平. 产学合作中网络权力、网络惯例与创新绩效关系研究 [D]. 长春：吉林大学，2017.

[90] 殷俊杰. 企业联盟组合管理能力对合作创新绩效的影响机制研究 [D]. 成都：电子科技大学，2018.

[91] 鄞益奋. 网络治理：公共管理的新框架 [J]. 公共管理学报，2007（1）：89–96+126.

[92] 詹坤，邵云飞，唐小我. 联盟组合的网络结构对企业创新能力影响的研究 [J]. 研究与发展管理，2018，30（6）：47–58.

[93] 詹坤，邵云飞，唐小我. 联盟组合的形成与价值实现路径 [J]. 科技管理研究，2019，39（7）：206–214.

[94] 詹坤，邵云飞，唐小我. 联盟组合构型网络动态演化研究 [J]. 科研管理，2016，37（10）：93–101.

[95] 詹也. 联盟组合管理能力对企业绩效的作用机制研究 [D]. 杭州：浙江大学，2013.

[96] 张宝建，孙国强，任晓悦. 网络组织治理模式研究述评 [J]. 商业研究，2015（3）：36–45.

[97] 张涵，康飞，赵黎明. 联盟网络联系、公平感知与联盟绩效的关系——基于中国科技创业联盟的实证研究 [J]. 管理评论，2015，27（3）：153–162.

[98] 张红娟，谭劲松. 联盟网络与企业创新绩效：跨层次分析 [J]. 管理世界，2014（3）：163–169.

[99] 张雷勇. 我国产学研共生网络治理研究 [D]. 合肥：中国科学技术大学，2015.

[100] 张明，陈伟宏，蓝海林. 中国企业"凭什么"完全并购境外高新技术企业——基于94个案例的模糊集定性比较分析（fsQCA）[J]. 中国工业经济，2019（373）：119–137.

[101] 张树义，雷星晖，李晓龙. 从网络战略联盟到战略联盟网络：

企业战略联盟的演进路径及其对我国企业的启示 [J]. 管理评论，2006 (8)：33 - 39 + 64.

[102] 张秀萍，王振. 社会网络在创新领域应用研究的知识图谱——基于 CiteSpace 的可视化分析 [J]. 经济管理，2017，39 (10)：192 - 208.

[103] 张云逸，曾刚. 技术权力影响下的产业集群演化研究：以上海汽车产业集群为例 [J]. 人文地理，2010 (2)：121 - 123.

[104] 赵炎，王冰，郑向杰. 联盟创新网络中企业的地理邻近性、区域位置与网络结构特征对创新绩效的影响——基于中国通讯设备行业的实证分析 [J]. 研究与发展管理，2015，27 (1)：124 - 131.

[105] 赵炎，王冰. 战略联盟网络的结构属性、资源属性与企业知识创造——基于中国生物医药产业的实证研究 [J]. 软科学，2014，28 (7)：59 - 64.

[106] 赵炎，王燕妮. 联盟网络内企业角色与创新能力的探析 [J]. 科研管理，2017，38 (S1)：63 - 70.

[107] 郑雯雯，陈建平. 合作网络治理：共享单车的治理模式选择及其优化对策 [J]. 电子政务，2018 (8)：61 - 67.

[108] 郑兴山，王莉. 企业网络组织治理机制研究综述 [J]. 学术月刊，2004 (6)：103 - 107.

[109] 郑永兰，徐亚清. 网络治理的三重维度：技术、场景与话语 [J]. 哈尔滨工业大学学报 (社会科学版)，2018，20 (1)：24 - 30.

[110] 周佳，陈劲，梅亮. 联盟组合：源起、研究前沿和理论框架 [J]. 外国经济与管理，2017，39 (6)：83 - 97 + 128.

[111] 周杰，张卫国，韩炜. 国外关于企业间竞合关系研究的述评及展望 [J]. 研究与发展管理，2017，29 (6)：144 - 158.

[112] 邹卫中，钟瑞华. 网络治理的关键问题与治理机制的完善 [J]. 科学社会主义，2015 (6)：114 - 118.

[113] Adegbesan J A, Higgins M J. The intra - alliance division of value created through collaboration [J]. John Wiley & Sons, Ltd. 2011, 32 (2)：187 - 211.

[114] Aggarwal V A, Siggelkow N, Singh H. Governing collaborative activity：interdependence and the impact of coordination and exploration [J]. Strategic Management Journal, 2011, 32 (7)：705 - 730.

[115] Ahuja G, Soda G, Zaheer A. The genesis and dynamics of organizational networks [J]. Organization Science, 2012, 23 (2): 434 – 448.

[116] Ahuja G. Collaboration networks, structural holes, and innovation: A longitudinal study [J]. Administrative Science Quarterly, 2000, 45 (3): 425 – 455.

[117] Amit, R. and Schoemaker, P. Strategic Assets and Organizational Rent [J]. Strategic Management Journal, 1993, 14: 33 – 46.

[118] Annalee Saxenian. Regional advantage [M]. Harvard university press, 1994.

[119] Ashkenas, R. There is a difference between cooperation and collaboration [J]. Harvard Business Review, 2015, 20: 1 – 3.

[120] Borgatti S P, Foster P C. The network paradigm in organizational research: A review and typology [J]. Journal of Management, 2003, 29 (6): 991 – 1013.

[121] Campbell, D J. Task complexity: A review and analysis [J]. Academy of Management Review, 1988, 13 (1): 40 – 52.

[122] Chaleff, I. The Courageous Follower: Standing up to and for our leaders [J]. San Francisco, CA: Berrett – Koehler, 1995.

[123] Chen C. How can cooperation be fostered? The culture effects of individualism – collectivism [J]. Academy of Management Review, 1998, 23 (2): 285 – 304.

[124] Colm L, OrdaniniA, & Bornemann T. Dynamic governance matching in solution development [J]. Journal of Marketing, 2020 (1): 105 – 124.

[125] Contractor N S, Wasserman S, Faust K. Testing multitheoretical, multilevel hypotheses about organizational networks: An analytic framework and empirical example [J]. Academy of Management Review, 2006, 31 (3): 681 – 703.

[126] Corfman K P, Lehmann D R. Importance of Others' Welfare in Evaluating Bargaining Outcomes Journal of Consumer Research Oxford Academic [J]. Journal of Consumer Research, 1993, 20 (1): 124 – 137.

[127] Dacin M T, Oliver C, Roy J P. The legitimacy of strategic alliances: An institutional perspective [J]. Strategic Management Journal, 2007, 28 (2):

169 – 187.

[128] Das T K, Teng B S. Trust, control, and risk in strategic alliances: An integrated framework [J]. Organization Studies, 2001, 22 (2): 251 – 283.

[129] Daudi M, Hauge J B & Thoben K D. Behavioral factors influencing partner trust in logistics collaboration: A review. Logistics Research, 2016, 9: 9 – 19.

[130] Dhanaraj C, Parkhe A. Orchestrating innovation networks [J]. Academy of management review, 2006, 31 (3): 659 – 669.

[131] Distel A P. Unveiling the microfoundations of absorptive capacity: A study of coleman's bathtub model [J]. Journal of Management, 2019, 45 (5): 2014 – 2044.

[132] Doz Y L. The evolution of cooperation in strategic alliances: Initial conditions or learning processes? Strategic Management Journal, 1996, 17: 55 – 83.

[133] Durugbo C. Collaborative networks: A systematic review and multilevel framework. International Journal of Production Research, 2016, (54): 3749 – 3776.

[134] Dyer J H. Specialized supplier networks as a source of competitive advantage: evidence from the auto-industry. Strategic Management Journal. 1996, 17 (4): 271 – 291.

[135] Dyer J H, Singh H, Hesterly W S. The relational view revisited: A dynamic perspective on value creation and value capture [J]. Strategic Management Journal, 2018, 39 (12): 3140 – 3162.

[136] Dyer J H, Singh H. The relational view: Cooperative strategy and sources of interorganizational competitive advantage [J]. Academy of Management Review, 1998, 23 (4): 660 – 679.

[137] Evan W M. Toward a theory of inter – organizational relations [J]. Management Science, 1965 (11): 217 – 230.

[138] Faems D, Janssens M, Madhok A et al. Toward an integrative perspective on alliance governance: Connecting contract design, trust dynamics, and contract application [J]. Academy of Management Journal, 2008, 51 (6): 1053 – 1078.

[139] Gazley B. The current state of interorganizational collaboration: Lessons for human service research and management [J]. Human Service Organizations: Management, Leadership & Governance, 2017, 41: 1 – 5.

[140] Glasman L R & Albarracin D. Forming attitudes that predict future behavior: A meta – analysis of the attitude – behavior relation. Psychological Bulletin, 2006, 132: 778 – 882.

[141] Goerzen A. Alliance networks and firm performance: The impact of repeated partnerships [J]. Strategic Management Journal, 2007, 28 (5): 487 – 509.

[142] Grandinetti R. Exploring the dark side of cooperative buyer – seller relationships [J]. Journal of Business & Industrial Marketing, 2017, 32: 326 – 336.

[143] Grandori A & Soda G. Inter – firm networks: Antecedents, mechanisms and forms [J]. Organization Studies, 1995, 16: 183 – 214.

[144] Gulati R, Garguilo M. Where do interorganizationl networks come from? [J]. American Journal of Sociology, 1999, 104 (5): 1439 – 1438.

[145] Gulati R, Wohlgezogen F, Zhelyazkov P. The two facets of collaboration: Cooperation and coordination in strategic alliances [J]. The Academy of Management Annals, 2012, 6 (1): 531 – 583.

[146] Gulati R. Alliances and networks [J]. Strategic Management Journal, 1998, 19 (4): 293 – 317.

[147] Hoetker G, Mellewigt T. Choice and performance of governance mechanisms: matching alliance governance to asset type [J]. Strategic Management Journal, 2009, 30 (10): 1025 – 1044.

[148] Hsu M H, Ju T L, Yen C H et al. Knowledge sharing behavior in virtual communities: The relationship between trust, self – efficacy, and outcome expectations [J]. International Journal of Human – Computer Studies, 2007, 65 (2): 153 – 169.

[149] Iansiti M, Levien R. The keystonc advantage: what the new dynamics of business ecosystems mean for strategy, innovation, and sustainability [M]. Harvard Business Press, 2004.

[150] Jap S D, Ganesan S. Control mechanisms and the relationship life cy-

cle: implications for safeguarding specific investments and developing commitment [J]. Journal of Marketing Research, 2000, 37 (2): 227 – 245.

[151] Jones C, Hesterly W S, Borgatti S P. A general theory of network governance: Exchange conditions and social mechanisms [J]. Academy of Management Review, 1997, 22 (4): 911 – 945.

[152] Knoben J & Oerlemans L A. Proximity and inter – organizational collaboration: A literature review [J]. International Journal of Management Reviews, 2006 (8): 71 – 89.

[153] Kretschmer T & Vanneste B S. Collaboration in strategic alliances: Cooperation and coordination [A]. In L. Mesquita, R. Ragozzino, & J. Reuer (Eds.), Collaborative strategy: A guide to strategic alliances [C]. 2017: 53 – 62. Cheltenham, UK: Edward Elgar Publishing.

[154] Krishnan R, Miller F, Sedatole K. The use of collaborative interfirm contracts in the presence of task and demand uncertainty [J]. Contemporary Accounting Research, 2011, 28 (4): 1397 – 1422.

[155] Laczko P, Hullova D, Needham A et al. The role of a central actor in increasing platform stickiness and stakeholder profitability: Bridging the gap between value creation and value capture in the sharing economy [J]. Industrial Marketing Management, 2019, 76: 214 – 230.

[156] Lakshminarasimha A. A concept note on the relationship between empowerment, collaboration and selected outcomes in a supply chain [J]. Journal of Supply Chain Management, 2017, 14: 26 – 48.

[157] Lax D A, Sebenius J K. The Manager as Negotiator: Bargaining for Cooperation and Competitive Gain [M]. NY: Free Press, 1986.

[158] Lehmann L, Keller L. The evolution of cooperation and altruism – a general framework and a classification of models [J]. Journal of Evolutionary Biology, 2006, 19 (5): 1365 – 1376.

[159] Leimar O, Hammerstein P. Cooperation for direct fitness benefits [J]. Philosophical Transactions of the Royal Society B: Biological Sciences, 2010, 365 (1553): 2619 – 2626.

[160] Lepak D P, Smith K G, Taylor M S. Value creation and value capture: a multilevel perspective [J]. Academy of Management Review, 2007, 32

（1）：180 – 194.

[161] Lewicki R J, Bunker B B. Developing and maintaining trust in work relationships [J]. Trust in Organizations: Frontiers of Theory and Research, 1996, 114: 139.

[162] Lui S S, Wong Y, Liu W. Asset specificity roles in interfirm cooperation: Reducing opportunistic behavior or increasing cooperative behavior? [J]. Journal of Business Research, 2009, 62 (11): 1214 – 1219.

[163] Macneil, Ian R. The New Social Contract: An Inquiry into Modern Contractual Relations [M]. Yale University Press, 1980.

[164] Majchrzak A, Jarvenpaa S L, Bagherzadeh M. A review of interorganizational collaboration dynamics [J]. Journal of Management, 2015, 41: 1338 – 1360.

[165] Miles R E, Snow C C. Organizations: New concepts for new forms [J]. California Management Review, 1986, 28 (3): 62 – 73.

[166] Ness H, Haugland S A. The evolution of governance mechanisms and negotiation strategies in fixed – duration interfirm relationships [J]. Journal of Business Research, 2005, 58 (9): 1226 – 1239.

[167] Nowak M A. Five rules for the evolution of cooperation [J]. Science, 2006, 314 (5805): 1560 – 1563.

[168] Parkhe A, Wasserman S, Ralston D A. New frontiers in network theory development [J]. Academy of Management Review, 2006, 31 (3): 560 – 568.

[169] Pennisi E. How did cooperative behavior evolve? [J]. Science, 2005, 309 (5731): 93 – 93.

[170] Peteraf M A, Barney J B. Unravelling the resource-based tangle [J]. Managerial and Decision Economics, 2003, 24: 309 – 323.

[171] Pirson M, Turnbull S. The future of corporate governance: Network governance, a lesson from the financial crisis [J]. Human Systems Management, 2015, 34 (1): 81 – 89.

[172] Powell W W. Neither market nor hierarchy: Network forms of organization [J]. Research in Organizational Behavior, 1990 (12): 295 – 336.

[173] Provan K G, Fish A, Sydow J. Interorganizational networks at the

network level: A review of the empirical literature on whole networks [J]. Journal of Management, 2007, 33 (3): 479 – 516.

[174] Randolph R V G. A multilevel study of structural resilience in interfirm collaboration: A network governance approach [J]. Management Decision, 2016, 54 (1): 248 – 266.

[175] Ring P S, Ven A H V D. Structuring cooperative relationships between organizations [J]. Strategic Management Journal, 1992, 13 (7): 483 – 498.

[176] Ritala P & Ellonen H K. Competitive advantage in interfirm cooperation: Old and new explanations [J]. Competitiveness Review: An International Business Journal, 2010 (20): 367 – 383.

[177] Ritala P, Hurmelinna—Laukkanen P. Incremental and radical innovation in coopetition—The role of absorptive capacity and appropriability [J]. Journal of Product Innovation Management, 2013, 30 (1): 154 – 169.

[178] Salvato C, Reuer J J, Battigalli P. Cooperation across disciplines: A multilevel perspective on cooperative behavior in governing interfirm relations [J]. Academy of Management Annals, 2017, 11 (2): 960 – 1004.

[179] Sarkar M B, Echambadi R, Cavusgil S T, et al. The influence of complementarity, compatibility, and relationship capital on alliance performance [J]. Journal of the Academy of Marketing Science, 2001, 29 (4): 358 – 373.

[180] Schuster R, Perelberg A. Why cooperate?: an economic perspective is not enough [J]. Behavioural Processes, 2004, 66 (3): 261 – 277.

[181] Szolnoki A, Perc M. Group – size effects on the evolution of cooperation in the spatial public goods game [J]. Physical Review E, 2011, 84 (4): 047102.

[182] Thompson J D. Organizations in action: social science bases of administrative theory [M]. Routledge, 2017.

[183] Todeva E, Knoke D. Strategic alliances and models of collaboration [J]. Management Decision, 2005, 43: 123 – 148.

[184] Tsanos C S, Zografos K G & Harrison A. Developing a conceptual model for examining the supply chain relationships between behavioural antecedents of collaboration, integration and performance [J]. International Journal of

Logistics Management, 2014 (25): 418 –462.

[185] Uzzi B. Social structure and competition in interfirm networks: The paradox of embeddedness [J]. Administrative Science Quarterly, 1997, 42 (1): 35 –67.

[186] Van Segbroeck S, Santos F C, Nowé A et al. The evolution of prompt reaction to adverse ties [J]. BMC Evolutionary Biology, 2008, 8 (1): 287 – 294.

[187] Wathne K H, Heide J B. Opportunism in interfirm relationships: Forms, outcomes, and solutions [J]. Journal of marketing, 2000, 64 (4): 36 – 51.

[188] Williamson O E. Transaction – cost economics: The governance of contractual relations [J]. The Journal of Law and Economics, 1979, 22: 233 – 261.

[189] Williamson O E. Transaction cost economics and organization theory [J]. Industrial and Corporate Change, 1993, 2 (1): 17 –67.

[190] Wu A H, Wang Z, Chen S. Impact of specific investments, governance mechanisms and behaviors on the performance of cooperative innovation projects [J]. International Journal of Project Management, 2017, 35 (3): 504 – 515.

[191] Zaheer A, Gözübüyük, Remzi, Milanov H. It's the connections: The network perspective in interorganizational research [J]. The Academy of Management Perspectives, 2010, 24 (1): 62 –77.

附录 企业网络合作行为的调查问卷

尊敬的先生/女士，您好！

衷心感谢您能够在百忙之中抽出宝贵的时间来填写该调查问卷！本次调研是国家自然科学基金年度项目支持的一项子研究，旨在研究企业网络合作行为形成的驱动因素，以便为加强企业间合作的治理提供可行的建议和对策。由于您的意见对我们的研究有着重要价值，因此恳请您不吝笔墨，拨冗答复。

如果您需要本调查的分析结果，请与我们联系，我们将为您提供相关信息。

由衷地感谢您的参与和支持！

联系人：石文萍

联系方式：179860727@qq.com

第一部分 基本资料

1. 贵企业的名称是：＿＿＿＿＿＿＿＿＿＿＿＿＿（可写简称）

2. 贵企业所在地：
   □华东 □华北 □华中 □华南 □东北 □西南 □西北

3. 贵企业成立时间 □3 年以内 □3～10 年 □10 年以上

4. 贵企业目前职工人数为：
   □30 以内 □30～300 □300～2000 □2000 以上

5. 贵企业的性质是：＿＿＿＿＿＿＿
   □国有及国有控股企业 □民营企业 □混合所有制企业 □其他

6. 贵企业的主营业务所处行业：
   □加工制造业 □信息技术产业 □交通运输、仓储业

□批发和零售业　□文化传播业　　　□商务服务业

　　　　　　　　□房地产业　　　　□金融保险业

□其他，请指出_____

第二部分　变量的测量

（说明：以下选项 1 表示非常不同意 2 表示不同意 3 表示不确定 4 表示同意 5 表示非常同意。请您就贵企业及所处项目合作中的实际情况，根据自己的经验，在下列描述中最符合您看法的地方打"√"。）

*以下题项将会涉及到您与合作伙伴的关系，那么现在请思考您最近在企业间项目合作中的合作伙伴！

1. 本题项主要考察企业间合作时，不同企业间资源的互补性程度

题项	非常不同意←→非常同意
合作企业双方都需要对方的资源来完成他们的共同目标	1　2　3　4　5
合作企业各自投入的资源对完成合作目标都很重要	1　2　3　4　5
每家公司带来的资源对另一家公司来说都很有价值	1　2　3　4　5

2. 本题项主要考察企业间合作时，贵公司资产投入的专用性程度

题项	非常不同意←→非常同意
我们和我们的合作伙伴在致力于合作关系的资源方面进行了大量投资	1　2　3　4　5
我们和我们的合作伙伴的操作流程是为了满足合作的要求而量身定做的	1　2　3　4　5
如果合作关系突然结束，对我们来说将是一个巨大的损失	1　2　3　4　5

3. 本题项主要考察企业间合作时，相互间的信任程度

题项	非常不同意←→非常同意
在与合作伙伴的接触中，我们从未有过被误导的感觉	1　2　3　4　5
合作伙伴的工作能力受到大家的认可、信赖与尊重	1　2　3　4　5
我们认同合作伙伴的身份与地位，并相信双方的利益将得到保障	1　2　3　4　5

4. 本题项主要考察政府以及企业对本公司产品或服务的认可程度

题项	非常不同意←　→非常同意
行业协会对我们的产品有较高的评价	1　2　3　4　5
合作伙伴愿意与我们进行合作	1　2　3　4　5
政府对我们的经营行为有较高的评价	1　2　3　4　5

5. 本题项主要考察企业间合作时，贵公司在合作关系中的重要性

题项	非常不同意←　→非常同意
我们企业自身拥有别的企业难以替代的技术知识等	1　2　3　4　5
我们在该领域内具有较高的知名度	1　2　3　4　5
我们是其他企业需要技术支持或指导时的首要选择	1　2　3　4　5

6. 本题项主要考察企业间合作后的不确定性程度

题项	非常不同意←　→非常同意
我们很难根据一些标准来评估合作伙伴所提供的产品或服务的质量	1　2　3　4　5
我们很难预估开展这次合作所需资源的质量和/或数量	1　2　3　4　5
在合作期间，可能需要随时改变合作的模式	1　2　3　4　5

7. 本题项主要考察企业产品或服务完成的复杂性程度

题项	非常不同意←　→非常同意
我们企业完成产品或服务时需要大量的经验和实践知识，而这些经验和知识很难在一般的流程描述中体现	1　2　3　4　5
我们完成产品或服务的生产过程基于相对复杂的程序/技术，需要生产人员满足多种能力	1　2　3　4　5
完成一项产品或服务时需要不同人员/专家的准确、及时和实质性的协调	1　2　3　4　5

8. 本题项主要考察企业间合作中的投机性行为

题项	非常不同意←→非常同意
合伙人有时试图违反双方之间的非正式协议，以最大化自己的利益	1 2 3 4 5
合伙人将设法利用我们合同中的"漏洞"来增进自己的利益	1 2 3 4 5
在企业间合作中，合作伙伴未经允许而私自将我们的专有技术用于他们自己的内部项目	1 2 3 4 5

9. 本题项主要考察企业间合作中的协调性行为

题项	非常不同意←→非常同意
合作伙伴间会经常性地进行协调活动以使合作过程更顺畅	1 2 3 4 5
在我们的合作关系中，经常进行非正式或公开的信息交流	1 2 3 4 5
合作伙伴会经常相互通报可能影响他们的变化和事件	1 2 3 4 5

问卷到此结束，非常感谢您的参与！